Don Bosco

Die kirchliche Druckerlaubnis wird für die Veröffentlichung erteilt.
Coloniae, die 10 m. Novembris 2006
Jr. Nr. 106 250 | 90 Dr. Dominik Schwaderlapp vic. Gen.

Gerhard Dane (Text)
Erich Läufer (Fotos und Bildzeilen)

Wo Jesus lebte

Eine Entdeckungsreise für Kinder im Heiligen Land

Bibliografische Information der Deutschen Nationalbibliothek

Die Deutsche Nationalbibliothek verzeichnet diese Publikation in der Deutschen Nationalbibliografie; detaillierte bibliografische Daten sind im Internet über http://dnb.d-nb.de abrufbar.

ISBN 978-3-7698-1620-4
2. Auflage 2007

Umschlag und Layout: Margret Russer
Umschlagabbildung: Sophie Elbaz, Sygma, Corbis
Fotos innen: Erich Läufer, Seite 92: Monika Becker
Satz: undercover, Augsburg
Produktion: Don Bosco Druck & Design, Ensdorf

Gedruckt auf umweltfreundlichem Papier

Inhalt

Wo steht was?
Am Schluss, auf Seite 94, findet ihr die Bibelstellen, die Onkel Georg unterwegs an Ort und Stelle vorgelesen oder erzählt hat.

8 Wie Paula der Mund offen stehen blieb
10 Wie Oma die Angst packte und Paula die Koffer
13 Wie Paula vom Herbst in den Sommer flog
16 Brotvermehrung
20 Im Garten am See
23 Der große Auftrag für Simon
26 Zum „Berg der Seligkeiten“
30 Auf dem See
33 Auf dem Berg Karmel
36 In Akko
39 Im Taubental
42 Nazaret
45 In seiner Stadt
48 Durchs Jordantal zum Toten Meer
52 Durch die Wüste nach Jerusalem
56 Paula geht zum Heiligen Grab
60 Am Ölberg
63 In Emmaus
67 Der Tempelplatz
70 „Lasst uns nach Betlehem gehen!“
75 Zu Besuch bei der Großmutter
78 Auf der Via Dolorosa
82 Auf dem Berg Zion
86 An der Mauer des Tempels
90 Überall ist Heiliges Land
94 Was Onkel Georg auf dieser Reise Paula aus der Bibel vorlas
95 Die Autoren
95 Adressen für Heilig-Land-Pilger

Das Heilige Land

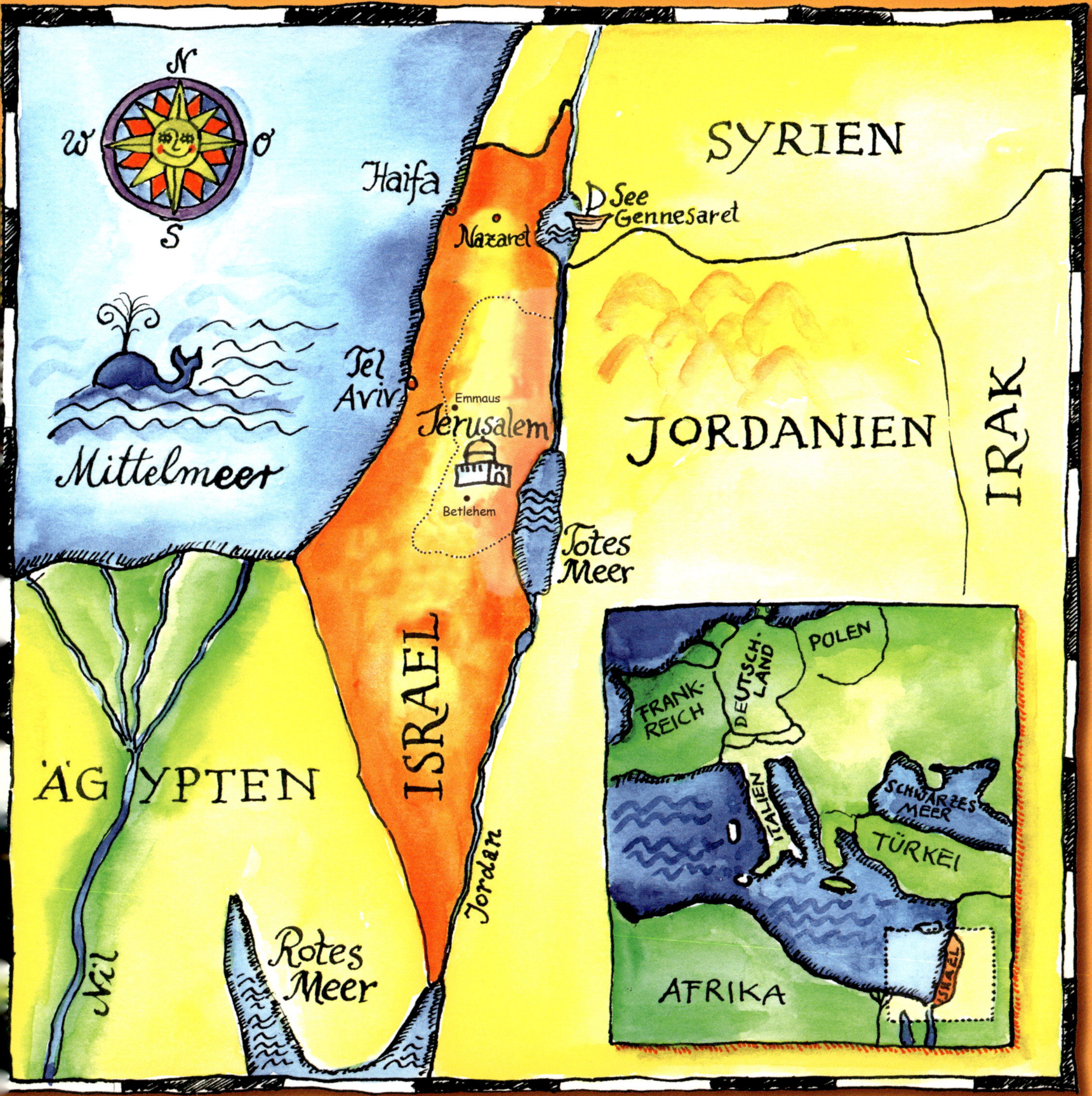
N
W
O
S
Haifa
Nazaret
See
Gennesaret
SYRIEN
Tel
Aviv
Emmaus
Jerusalem
Betlehem
Mittelmeer
JORDANIEN
IRAK
Totes
Meer
ISRAEL
ÄGYPTEN
Jordan
Rotes
Meer
Nil
POLEN
FRANK-
REICH
DEUTSCH-
LAND
ITALIEN
SCHWARZES
MEER
TÜRKEI
AFRIKA
ISRAEL

Wie Paula der Mund offen stehen blieb

Heute Abend war Paula sehr müde. Natürlich tat sie alles, dass niemand es merkte. Schon gar nicht Mama, die hätte glatt angefangen von Bett und Schlafengehen zu reden. Paula wollte auf keinen Fall schon ins Bett; denn erstens war heute ihr Geburtstag, sie war heute acht Jahre alt geworden, und zweitens waren ihr Lieblingsonkel und ihre Lieblingstante noch nicht erschienen, weil sie so lange arbeiten mussten. Paula hing sehr an Georg, ihrem Patenonkel, und an seiner Frau Tina. Sie war sogar schon mit den beiden allein in Ferien gewesen, ohne Mama und Papa. Es war eine wundervolle Woche auf einem Reiterhof gewesen und Paula hatte überhaupt kein Heimweh gehabt. Onkel Georg und Tante Tina hatten selbst keine Kinder, umso mehr liebten sie Paula und verwöhnten sie oft nach Strich und Faden. Kein Wunder also, dass Paula heute Abend auf die beiden wartete. Sie würden auf jeden Fall noch kommen und Paula durfte deshalb besonders lange aufbleiben. Das darf man ja schließlich an seinem Geburtstag, wenn man schon acht Jahre alt ist.

Endlich klingelte es. Paula rannte zur Tür und flog Onkel und Tante in die Arme. Doch gleich wunderte sie sich, dass die beiden keinen Karton unter dem Arm hatten, in buntes Papier gewickelt, einen Geschenkkarton wie

an früheren Geburtstagen oder letztes Jahr zu Weihnachten. Sollten sie vergessen haben, ein Geschenk zu besorgen?
Bald saßen sie alle zusammen beim späten Abendessen. Paula, Papa, Mama, Tina und Georg. Oma und alle anderen Verwandten und Freunde waren seit dem Kaffee da gewesen und schon nach Hause gegangen und Kindergeburtstag war erst für morgen geplant. Nach dem Essen zog Onkel Georg einen großen blauen Umschlag aus der Tasche – er war mit einem goldenen Band verziert – und gab ihn Paula mit feierlichem Gesicht. Die riss den Umschlag auf und hatte ein schön gemaltes Pappschild in der Hand. Paula begann zu lesen ... und da blieb ihr der Mund vor Überraschung offen stehen:

Paula wusste nicht, was sie sagen sollte. Da erklärte Onkel Georg: „Tina und ich wollten in den kommenden Herbstferien endlich einmal wieder nach Israel fliegen. Da ist es im Oktober nicht mehr so heiß. Und wir haben gedacht, Paula, wo du doch jetzt zur Erstkommunion angemeldet bist, sollten wir dich mitnehmen. Wir können zusammen das Heilige Land entdecken: Wo Jesus gelebt hat und wo das Volk Israel heute lebt.“ Paula schaute, immer noch sprachlos, Papa und Mama an. Die lächelten und nickten: „Ja, Paula, wenn du möchtest, darfst du diese Einladung gerne annehmen.“ Selbstverständlich hatten Tina und Georg Paulas Eltern vorher gefragt, ob sie einverstanden wären. Da sprang Paula vom Stuhl und drückte stürmisch einen nach dem anderen: Georg und Tina, Mama und Papa. Du kannst dir sicher vorstellen, an diesem Geburtstagabend konnte Paula erst sehr spät einschlafen, vor lauter Aufregung und Vorfreude.

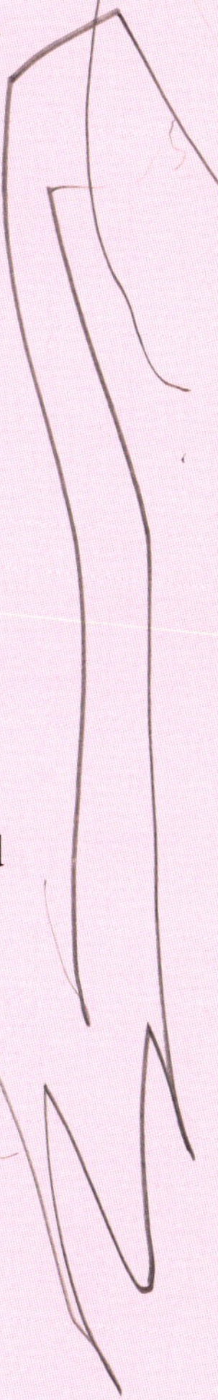

Wie Oma die Angst packte und Paula die Koffer

Als Paula am nächsten Mittag aus der Schule kam, war Mama mit den Vorbereitungen für den Kindergeburtstag noch nicht fertig. Auch Paula wollte noch ein paar Spiele vorbereiten, trotzdem musste sie vorher unbedingt etwas erledigen: Sie musste doch dringend und sofort Oma anrufen, um ihr zu erzählen, was für ein tolles Geburtstagsgeschenk sie gestern von Onkel Georg und Tante Tina bekommen hatte. Sie wählte aufgeregt Omas Nummer und nachdem die sich am Telefon meldete, sprudelte sie gleich los: „Oma, stell dir vor, was mir Onkel Georg und Tante Tina zum Geburtstag geschenkt haben. Sie nehmen mich mit ins Heilige Land, weil ich doch jetzt ein Kommunionkind werde ... “ Viel weiter kam sie nicht; denn von Oma war nur der Aufschrei „Wohin, Israel?!“ zu hören. Dann hörte Paula gar nichts mehr. „Hallo, Oma, bist du noch dran?“ Am anderen Ende der Leitung blieb es still, nur einmal meinte Paula, ein tiefes Schnaufen zu hören. Dann endlich sagte Oma in völlig verändertem Ton: „Sag, deinen Eltern, ich käme heute Abend vorbei, wenn dein Vater von der Arbeit zurück ist.“

Dann legte Oma auf und Paula hatte ein ganz komisches Gefühl im Bauch, aber das war kein Hunger. Ihrer Mutter sagte Paula nichts vom Anruf bei Oma. Zum Glück hatte Mama

nicht gehört, wie sie telefonierte, weil ihr gerade mit großem Getöse der Kochtopfdeckel auf den Küchenboden gefallen war.
Paula feierte mit ihren Freunden einen schönen Kindergeburtstag und vergaß das Telefongespräch mit Oma bald. Doch um fünf nach sechs am Abend stand Oma in der Tür. Ihr Gesicht war ungewöhnlich rot, als Paula ihr aufmachte. „Sind deine Eltern da?", fragte sie nur, ohne Paula wie sonst einen Kuss zu geben.
Oma ging gleich an Paula vorbei ins Wohnzimmer, wo Papa und Mama die Reste vom Kindergeburtstag aufräumten, und rief nur laut: „Ihr seid wohl total verrückt geworden!" Papa richtete sich erstaunt vom Boden auf und sagte: „Guten Abend, Mutter, warum, bitte, sollten wir das geworden sein?" Er kannte solche Auftritte schon, sie waren selten, dann aber heftig. Oma wetterte weiter: „Jetzt habt ihr schon nur ein Kind und bringt es leichtsinnig in Lebensgefahr! In Israel explodieren fast jeden Tag Bomben. Auf dem Schulweg werden Kinder mit Maschinenpistolen begleitet und ihr wollt Paula dorthin schicken!" Jetzt endlich kapierten Papa und Mama, warum Oma so fassungslos und zornig war. „Ah, das ist es! Hat Paula dich angerufen?" Paula nickte nur mit großen verwirrten Augen, als Papa sie ansah. Sie verstand die Aufregung nicht, aber dann hatte sie eine Idee: Mochte Oma da von Bomben und Pistolen reden ... Wer weiß, mit welchem Krimi sie gestern wieder die halbe Nacht verbracht hatte. Was kümmerten sie die Diskussionen der Erwachsenen, Paula hatte Reisevorbereitungen zu treffen! Es konnte nicht schaden, damit schon anzufangen. Sie rannte in den Keller, wo die Koffer waren. Paula wählte den größten aus, einen Riesenkasten, blau mit dunkelroten Rändern, der hatte an der einen Seite kleine Räder und an der anderen einen Griff zum Ziehen. Schnell flogen in ihrem Zimmer die Schranktüren und die Schubladen ihrer Kommode auf und Paula packte. Fünf von den schönsten Pullovern, zwei Anoraks, ungefähr zwölf Paar Strümpfe und natürlich Spielsachen, Bücher, MP3-Player und oben auf den Hügel natürlich Mirko, ihren Bär, Lisa, ihre Lieblingspuppe und das kleine Kissen mit Pferden drauf, ohne das sie kaum einschlafen konnte, erst recht nicht, wenn sie nicht im eigenen Bett schlafen sollte. Als nach ungefähr einer Stunde Mama durch die Tür kam, blieb sie wie angewurzelt stehen. „Paula, was machst du denn da?"
„Ich packe den Koffer", antwortete Paula in einem Ton, der klang wie: Was für eine blöde Frage! Aber das sagte Paula natürlich nicht; denn sie war im Allgemeinen ein höfliches Mädchen. „Paula, erstens sind es noch über zwei Monate bis zu deiner Reise, zweitens

ist es dort im Oktober noch so warm wie bei uns im August. Du brauchst höchstens einen Pullover für die Abende in Jerusalem. Das liegt 800 Meter hoch in den Bergen und es wird da schnell kalt. Du brauchst hauptsächlich Sommersachen, Sonnenhut und -creme, Badesachen, Sandalen und feste Schuhe für die Wüste und felsige Wege. Aber das hat alles noch Zeit. Jetzt pack schön alles wieder dahin, wohin es gehört! Zuerst aber kommst du jetzt mal mit ins Wohnzimmer. Oma hat sich beruhigt und sie wird dich gern mal in den Arm nehmen."

„Wir haben mit Oma gesprochen", sagte Papa. „Wir finden, dass eine Reise nach Israel nicht gefährlicher ist, als wenn wir mit Oma über die Autobahn zu Tante Veronika nach Bayern fahren. Reisen ist immer gefährlich, aber Israel ist nicht gefährlicher. Das wird von unseren Zeitungen sehr übertrieben! Alle, die dort waren, bestätigen das. Man muss ja nicht dahin reisen, wo es knallt. Die Gäste aus dem Ausland sind in Israel sehr willkommen, weil sie Geld ausgeben, wovon die Menschen leben können. Israelis und Palästinenser finden leider bisher keinen Frieden miteinander, aber gegen Deutsche hat keiner was, schon gar nicht gegen Kinder."

So legte sich die allgemeine Aufregung und nach einer Weile zog Oma, zwar immer noch besorgt, aber einigermaßen besänftigt, wieder nach Hause.

Wie Paula vom Herbst in den Sommer flog

Auch die längste Wartezeit vergeht einmal. Endlich kommt der Morgen, an dem es losgehen soll. Es ist noch dunkel, als Paula an Mamas Hand auf den Bahnsteig des Hauptbahnhofs kommt. Ein bisschen hat sie doch mit den Tränen zu kämpfen. Fast zwei Wochen ohne Mama und Papa! Das hatte es doch noch nie gegeben! Jetzt kommt im Gewühl der Reisenden Tante Tina in Sicht und schließlich Onkel Georg. Alle umarmen sich. Papa gibt Paulas Koffer an Onkel Georg ab und hilft beim Einsteigen in den ICE, der sie direkt in den Frankfurter Flughafen befördern soll. Zum Abschied küsst Paula Mama und Papa immer wieder. Eine Träne rollt über ihre Wange. Als Mama das sieht, ist es um ihre Fassung geschehen. Sie muss ein Taschentuch herausholen, aber sie lächelt Paula unter Tränen zu: „Ich freue mich so für dich, es wird bestimmt schön!“ Dann macht sie Paula ein Kreuz auf die Stirn – wie jeden Abend vor dem Schlafengehen. „Der liebe Gott wird auf euch aufpassen!“, sagt Papa noch, als schon die Lautsprecherstimme die Abfahrt ankündigt. Im Zug, zwischen Tina und Georg, geht es Paula bald besser. Gegen den Abschiedsschmerz hält Tina eine große Tüte bunter Gummibärchen bereit.

Ach du liebe Güte, was ist auf dem Flughafen für ein Gewimmel von Leuten! Mit Hunderten Reisender stehen Paula, Tina und Georg in der Schlange, bis sie an einem Schalter die Koffer loswerden. Es herrschen strenge Sicherheitsvorkehrungen; alle Passagiere werden kontrolliert, ob sie auch keine Waffen oder Bomben bei sich haben. Koffer und Taschen werden durchleuchtet. So vergehen fast zwei Stunden, bis endlich die Zeit zum Einsteigen ins Flugzeug nach Tel Aviv gekommen ist.
Paula staunt, wie viele Menschen in so eine Maschine passen. Sie bekommt einen Platz direkt vor einem Fernseher. Darauf liest Paula laut ab, wie viele Kilometer es noch bis zum Zielort sind und wie hoch sie fliegen. „Boah", sagt Paula, „über 10.000 Meter hoch – das sind ja 10 Kilometer, so weit ist es von uns zu Oma!" Wie mag es der jetzt gehen?, denkt sie. Bestimmt ist sie heute Morgen in die Kirche gegangen und hat eine Kerze aufgestellt! Paula langweilt sich die dreieinhalb Stunden im Flugzeug nicht. Sie hat einen Kopfhörer übergestreift und klickt durch die Hör-Programme. Dazwischen verfolgt sie immer wieder das Fernsehprogramm. Später bekommt jeder Passagier ein Tablett mit dem Mittagessen.
Kurz nach der Landung sagt Onkel Georg zu ihr: „Du kannst jetzt ruhig deinen Pullover ausziehen. Wir sind aus dem Herbst in den Sommer geflogen." Als Paula aus der Maschine auf die Rolltreppe kommt, weht ihr ein heißer Wind entgegen, sie muss die Augen zusammenkneifen in der grellen Sonne. „Schau mal, eine Palme!", ruft sie. „Davon werden wir in den nächsten Tagen noch viele sehen!", lacht Tante Tina.
Im Flughafen ist fast so ein Gewimmel von Menschen wie in Frankfurt und sie müssen ziemlich lange warten, bis sie ihren Stempel im Reisepass haben. Endlich sitzen sie im Leihwagen und Paula sieht staunend aus dem Fenster, bis sie schließlich einschläft. Als sie wieder wach wird, ist es schon fast dunkel. Wenig später sind sie am Ziel: Tabgha am See Gennesaret ist die erste Station ihrer Reise. Noch bevor sie auspacken, gehen sie in die „Kirche der Brotvermehrung". Onkel Georg kniet sich auf die Stufe in der Eingangstür. So froh ist er, gesund am Ziel zu sein. Paula kniet sich neben ihn. Sie sagen gar nichts. Sie sind nur froh und müde.
Nach dem Abendessen gehen sie bald in ihr schönes Zimmer mit drei Betten, im Gästehaus des kleinen Klosters, gleich neben der Kirche. Paula hört noch das Zirpen der Grillen und Zikaden. In der warmen Nacht deckt sie sich gar nicht zu. „Was ist das für ein Rauschen?", fragt sie. „Das ist die große Quelle hier", sagt Onkel Georg, „morgen zeige ich dir alles. Gute Nacht im Heiligen Land, Paula!"

Es gibt fast ein halbes Hundert verschiedene Arten von Palm-Bäumen. Hier sehen wir die Blätter einer ganz besonderen Palme. Sie schauen fast aus wie scharfe Lanzen und am Ende krümmt sich leicht die Spitze zu einem silbernen Faden.

Der Deutsche Verein vom Heiligen Lande empfängt seine Gäste in Tabgha in einem wunderschönen Gästehaus. In der Mitte einer weiträumigen Anlage steht dieses massive Haus aus Basaltsteinen gebaut. Unter den zahlreichen berühmten Gästen, die hier gewohnt haben, war auch Karl May, der so viele spannende Indianerbücher geschrieben hat.

Brotver-
mehrung

Das Frühstück schmeckt in einem hellen Speiseraum mit Blick auf den See, der im Morgenlicht glitzert. Annika, eine junge Frau aus Deutschland, hat alles vorbereitet. Sie macht hier ein freiwilliges soziales Jahr. Paula nimmt sich einen Teller und legt eine Pita darauf, dazu ein Ei und etwas Käse. Sie mischt sich Grapefruitsaft mit Wasser. Die Erwachsenen nehmen zuerst Müsli mit Joghurt und Ananas-Scheiben, später auch Wurst und Oliven, denn bei der Hitze soll man auch etwas Salziges essen, dann kann man mehr trinken. „Das ist wichtig, weil man beim Schwitzen viel Wasser verliert“, erklärt Tante Tina, die von Beruf Krankenschwester ist. Onkel Georg als Religionslehrer weiß etwas anderes zu erzählen, das Paula interessiert: „Siehst du diese Pita-Brote? So ähnlich können wir uns die Brotfladen vorstellen, die Jesus mit seinen Jüngern teilte. Der Teig wird zuerst zu Fladen geformt und wenn er gegangen ist auf Steine gelegt, unter denen ein Feuer angemacht ist. Eine ganz einfache Art zu backen.“ Das Fladenbrot schmeckt Paula sehr. Sie füllt es mit Käse und Gurkenscheiben. Lecker.
Nach dem Frühstück geht sie mit Onkel Georg zu der schönen Kirche, die sie gestern Abend, müde von der Reise, aufgesucht haben. Im Vorhof gibt es ein Becken, voll

mit grün schillerndem Wasser. Paula sieht darin Goldfische schwimmen und plötzlich noch etwas ganz anderes: Zwei Wasserschildkröten stecken ihre Köpfe aus dem Wasser und weil ihnen die beiden Zuschauer wohl nicht gefährlich erscheinen, krabbeln sie auf die Steine in der Mitte, um sich ein wenig zu sonnen. Violette Libellen schweben über dem Wasser hin und her. In der Kirche liest ihr Onkel Georg die Geschichte von der wunderbaren Brotvermehrung vor. Jesus hatte also eine ruhige Stelle gesucht, wo er mit seinen Freunden einmal Pause machen konnte. *„Denn sie fanden nicht einmal Zeit zum Essen, so zahlreich waren die Leute, die kamen und gingen."* Als sie mit dem Boot ans Ufer kamen, warteten aber schon wieder viele auf sie. Die hatten nämlich beobachtet, wohin Jesus mit dem Boot gestartet war. Auf der Uferstraße waren sie schneller zu Fuß als die Jünger beim Rudern!

„Jesus hatte Mitleid mit den vielen Leuten", liest Onkel Georg vor, *„denn sie waren wie Schafe, die keinen Hirten haben ... Er lehrte sie vieles."* „Und am Abend hat er hier am Ufer mit fünf Broten und zwei Fischen ihren Hunger gestillt. Komm, Paula, ich zeige dir etwas." Vor dem Altar der Kirche sieht Paula ein Mosaik, ein Bild aus vielen bunten Steinchen. „Das kenn ich", ruft sie, „das ist in meinem Religionsbuch." „Ja", sagt Onkel Georg, „es ist inzwischen weltberühmt: der Brotkorb mit den beiden Fischen daneben. Stell dir vor, es ist erst vor gut 70 Jahren wieder ausgegraben worden. Davor lag es 1300 Jahre unter Schutt begraben. Als die Christen im 7. Jahrhundert diese Kirche verlassen mussten, zerfiel sie. Schau nur, wie herrlich die anderen Bilder sind." Jetzt erst bemerkt Paula, dass der alte Fußboden dieser Kirche an vielen Stellen mit wunderschönen Steinteppichen geschmückt ist. Paula sieht Enten und Störche, Blüten, Sträucher, Vögel aller Art und an der Tür ein dickes braunes Tier, das wie ein Mopshund oder ein Biber aussieht. „Das ist ein Klippdachs", erklärt Onkel Georg, „der Flamingo drückt ihm gerade einen Kuss auf die Nase. Wenn wir Glück haben, werden wir diese Tiere hier noch sehen." „Warum sind die hier denn abgebildet?", will Paula wissen. Onkel Georg denkt einen Augenblick nach und sagt dann: „Ich glaube, der Künstler wollte alle Pflanzen und Tiere, die hier am See leben, in die Kirche holen, zum Lob Gottes, der uns nicht verhungern lässt. - Ich habe aber auch noch eine ganz schwere Frage an dich, Paula." Für so was ist Paula immer zu haben! „Zähl mal die Brote im Korb am Altar." Paula zählt, einmal, zweimal. „Es sind nur vier", sagt sie. „In der Bibel waren es fünf, das hast du doch eben vorgelesen. Ist eins vielleicht unter die

anderen gerutscht?“ „Vielleicht“, sagt Onkel Georg. „Vielleicht will der Künstler uns aber noch etwas viel Schöneres sagen: Das fünfte Brot liegt oben auf dem Altar. Jeden Morgen, wenn hier die Heilige Messe gefeiert wird, liegt da eine Hostie, fast genauso groß wie die Brotscheibe in dem Korb. Sie wird uns verwandelt. In diesem Brot nehmen wir Jesus selbst zu uns. Er stillt jeden Hunger, nicht nur den im Magen. Siehst du die vielen Leute hier? Überall auf der Welt glauben Menschen, dass Jesus unser Brot wird, wenn wir sein heiliges Mahl feiern. Das ist das größte Wunder. Der eine Jesus gibt noch heute Millionen Menschen Kraft zum Leben!“

In der ganzen Welt ist dieses Mosaik bekannt. Es befindet sich unter dem Altar der Brotvermehrungskirche. Gut zu erkennen sind der Korb mit Brot und zwei Fischen. Dies Bild aus Steinen befindet sich an der Stelle, wo Jesus damals mit dem großen Wunder der Brotvermehrung mehrere Tausend Menschen satt machte, obwohl er eigentlich nur fünf Gerstenbrote und zwei Fische zum Austeilen hatte.

Die Brotvermehrungskirche ist dort erbaut, wo die biblischen Berichte von der wunderbaren Brotvermehrung sich ereigneten. Schon vor mehr als tausend Jahren haben Pilger berichtet, dass hier eine kleine Kirche stand. Sie ist längst zerfallen wie auch spätere Bauten. Im Jahr 1976 gab der Erzbischof von Köln, Joseph Kardinal Höffner, den Auftrag, an dieser Stelle diese neue Kirche zu bauen.

Wer Geduld hat, wird am Seeufer viele Wasservögel entdecken. Reiher oder Ibisse sind dabei und manchmal auch Störche. Wer die Vögel in der Natur verpasst, muss in die Brotvermehrungskirche gehen. Ein Fußbodenmosaik zeigt einen wunderschönen Wasservogel, der seinen spitzen und langen Schnabel in eine Blüte steckt.

Im Garten am See

Später gehen Paula, Tina und Georg gemeinsam in den herrlichen Garten des Klosters. Durch ihn fließt Wasser aus einer der Quellen, die Tabgha den Namen gaben. Er kommt vom griechischen Wort „Heptapegon", das heißt auf Deutsch „Siebenquell". Man kann sich gut vorstellen, dass die Leute hier gerne mit Jesus zusammenblieben. Durst mussten sie jedenfalls nicht aushalten. Das Quellwasser im Klostergarten ist in einem Becken aufgestaut, Paula darf natürlich auch hineinspringen. Sie schwimmt unter den Palmen, den blühenden Bäumen und Sträuchern. Wie das erfrischt in der Hitze! Paula sammelt eifrig schöne Blüten und Blätter. Ein Strauch hat Blüten, die sie ganz besonders schön findet. „Das ist ein Hibiskus", sagt Tante Tina. „Das werden jetzt meine Lieblingsblumen", verkündet Paula und streichelt zärtlich über einen Blütenstängel. Überall in dem Garten stehen große Zelte für die Jugendlichen, die in den Sommermonaten hier zu Gast sind. Im „Bet Noach", einem schönen Neubau am Wasser, können sich auch behinderte Menschen ein paar Tage erholen, gleich welcher Religion sie angehören. Zivildienstleistende aus Deutschland sind hier, auch Mädchen. Alle helfen für ein halbes oder ganzes Jahr. Freiwillig. In und über dieser blühenden Pracht zwitschern bunte Vögel aller Art,

Am Ufer des Sees Gennesaret haben Pilger ein Holzkreuz aus Baumstämmen aufgerichtet. An dieser Stelle in Tabgha feiern Pilger und Beter aus aller Welt die Heilige Messe. Wer hier steht, über den See schaut und sich daran erinnert, dass Jesus ganz sicher hier an dieser Stelle gewesen ist, muss denken: Dieser Ort ist die schönste Kirche der Welt.

Die Klippdachse in den Gärten und Gebüschen rund um den See haben anscheinend die Scheu vor den Menschen verloren. Ungerührt hocken sie auf von der Sonne aufgewärmten Steinen und beobachten die Touristen. Wer sie zum ersten Mal sieht, meint vielleicht, es mit Murmeltieren zu tun zu haben. Aber es sind Klippdachse.

wie Paula sie bisher nur aus dem Vogelpark kannte. Einer von ihnen macht Paula auf den Kopf. „Das bringt Glück“, sagt Onkel Georg lachend, „jedenfalls nach alter Überlieferung hier im Orient. Du kannst das gleich im See wieder abwaschen!“
Auf dem Wegstück zum Ufer des Sees Gennesaret kommen sie an Dattelpalmen vorbei, aber die Früchte auf dem Boden sind noch nicht braun, also noch nicht genießbar. Paula wundert sich, dass die Eukalyptusbäume, die überall wachsen, nicht den gleichen Geruch wie Eukalyptusbonbons haben. Am Seeufer ist es ganz still. Man hört nur die Vögel zwitschern und die Wellen ans Ufer klatschen. Die drei setzen sich auf die schwarzen Basaltbrocken, die schön warm sind. Die Sonne glitzert in tausend Funken auf dem Wasser. „Jesus hat eine sehr schöne Gegend ausgesucht, um die Frohe Botschaft zu verkünden“, sagt Tante Tina leise. Das findet Paula auch, aber sie sagt nichts. Als sie dann weiter am Ufer entlang gehen, stupst Onkel Georg plötzlich Paula an: „Psst“, er legt den Finger auf den Mund: „Da vorne sonnt sich ein Klippdachs. Komm, wir schleichen uns an!“ Erst als Paula auf ein trockenes Ästchen tritt und es knackt, springt der Klippdachs weg. „So einen hast du vorhin auf dem Fußboden gesehen“, sagt Onkel Georg. Die gab es also schon vor über 1500 Jahren hier. Dann finden sie eine Stelle, wo man gut ins Wasser kam. Alle drei holen ihre Badesachen aus dem Rucksack. Paula staunt, wie warm das Wasser des Sees ist: „Fast wie im Thermalbad!“ „Ja“, sagt Onkel Georg, „es ist ja auch den ganzen Sommer aufgeheizt worden. Monatelang täglich 30 bis 40°C und mehr.“ Dann sammelt Paula mit Tante Tina Steine aller Farben und Formen und wunderschöne Schneckenhäuser, die oben spitz zulaufen. Sie müssen ja so vielen Leuten etwas mitbringen, ein kleines Stück aus dem Heiligem Land.

Der große Auftrag für Simon

Am nächsten Morgen brechen Paula, Georg und Tina schon bald nach dem Frühstück auf. „Bevor es richtig heiß wird, sollten wir auf dem Berg sein", meint Onkel Georg, „aber zuerst gehen wir in Nachbars Garten." Als Paula ihn fragend ansieht, erklärt er ihr: „Neben dem Garten an der Brotvermehrungskirche gibt es an diesem Seeufer noch einen Garten mit Wasserquellen und eine ganz besondere kleine Kirche, es sind nur zehn Minuten zu gehen." Die kleine Kirche ist, wie viele alte Häuser hier, aus schwarzgrauen Basaltsteinen gebaut. Früher, als aus dem See noch nicht so viel Wasser gepumpt wurde, klatschten die Wellen bis an den Felsen, auf dem sie erbaut ist. Dieser Felsen ist auch in der Kirche vor dem Altar ganz groß zu sehen. Hier hat Jesus einem seiner ersten Freunde einen großen Auftrag erteilt, dem Fischer Simon. Er gab ihm auch einen neuen Namen: Kepha, das heißt „Fels". Auf Lateinisch heißt das Petrus. Ein Felsenmann sollte Simon sein, felsenfest in Freundschaft zu Jesus halten und die anderen bestärken, seine Freunde zu bleiben.

Während Onkel Georg Paula das alles erzählt, fliegen mindestens vier Schwalben laut tschilpend über ihren Köpfen hin und her. „Bauen die etwa hier ihr Nest?", fragt Paula. „Es sieht ganz so aus", meint Tante Tina. „Sie möchten in der Kirche zu Hause sein!" Paula lacht.

Als sie wieder aus der Kirche in die Sonne treten, hören sie Gesang. „Seid leise", sagt Onkel Georg, „da drüben feiert eine Gruppe

die Heilige Messe, da unter den Bäumen. Wir wollen sie nicht stören."
Dann setzen die drei sich auch in den Schatten. Auf der anderen Seite des Kirchleins gibt es einen kräftigen Baum, gleich am Wasser. Auf seinen obersten Wurzeln können sie sitzen und Onkel Georg schlägt seine Bibel auf, die er jetzt meistens griffbereit hat. Er liest das letzte, das 21. Kapitel des Johannesevangeliums. Paula hört gespannt zu. Hier war es also gewesen, dass sieben Freunde von Jesus wieder angefangen hatten, ihrem Beruf als Fischer nachzugehen. Hier, wo durch die vielen Quellen das Seewasser besonders warm und frisch ist und Fische anzieht. Hier also sollte wieder der Alltag beginnen: Jesus war gekreuzigt worden. Alles mit ihm war nur ein schöner Traum gewesen. Er war tot, alles war aus. Hier am Ufer hatten sie einen Mann gesehen, im Morgengrauen, er hatte zu den Booten herüber gerufen: „Kinder, habt ihr etwas zu essen?" Johannes war es, der, den Jesus besonders lieb hatte, vielleicht weil er der Jüngste von den Zwölf war, Johannes hatte als erster den Durchblick: *„Es ist der Herr!"*, so hatte er dem Simon Petrus zugeflüstert. Der, schnell entschlossen wie immer, war in den See gesprungen und Jesus entgegen geschwommen oder auch gerannt, weil das Wasser am Ufer flach ist. Der Mann am Ufer hatte gesagt: *„Kommt und esst."* Und er hatte sie zu Brot und gebratenem Fisch eingeladen. Sie hatten miteinander geteilt und gegessen und nicht gewagt zu fragen: „Wer bist du?", denn sie wussten, dass es der Herr war: Jesus, von Gott mit neuem Leben beschenkt, und an diesem Morgen für sie wieder zu sehen, am Ufer des Sees, an dem sie ihn damals zum ersten Mal gesehen hatten. Nach dem Frühstück schaute Jesus plötzlich Simon Petrus ganz feierlich an: „Simon, Sohn des Johannes, hast du mich lieb?", hatte er gefragt: „Klar doch, liebe ich dich", hatte Simon etwas verdattert geantwortet. *„Weide meine Lämmer!"*, sagte Jesus darauf zu ihm. Und genauso fragte er noch ein zweites und ein drittes Mal. Da wurde Simon Petrus traurig. „Du weißt ja, was er gemacht hatte. Er hatte in der Nacht, in der Jesus verhaftet wurde, dreimal gesagt: Jesus? Kenne ich nicht, nie gehört!" Dreimal hatte er ihn verleugnet. Deshalb fragte Jesus ihn jetzt auch dreimal, ob er ihn wirklich lieb hätte, mehr als die anderen. Jesus verzieh seinem Simon, dass er in der Nacht in Jerusalem so feige gewesen war und an diesem Morgen am See gab er ihm, gerade ihm, den großen Auftrag. Er sollte die Lämmer und Schafe des Hirten Jesus von jetzt an hüten und zusammen halten: Alle, die zu Jesus gehören, sollten bei Jesus bleiben, dafür sollte Simon Petrus sorgen. Jesus selbst gab ihm den Auftrag und die Kraft dazu.

Der See Gennesaret gilt den Menschen im Orient wie ein Gottesgeschenk. Er hat klares und gutes Wasser. Vielleicht nannten in alter Zeit die Menschen ihn deshalb auch „Auge Gottes“. Der See hat eine Länge von 21 Kilometern und ist an einer Stelle 12 Kilometer breit.

Aus Basaltsteinen ist diese Kirche gebaut. Sie steht ganz nahe am Seeufer und ist dem heiligen Petrus geweiht. Hier hat ihm Jesus damals die Leitung der Kirche übertragen. Papst Paul VI. und Papst Johannes Paul II. sind zu diesem Ort gepilgert und haben hier gebetet.

Ein Sprichwort lautet: Die Palme muss die Füße im Wasser haben und den Kopf in der Sonne. Das bedeutet: Die Wurzeln brauchen viel Wasser und die Blätter und Früchte, wenn es eine Dattelpalme ist, viel Sonne.

Zum „Berg der Seligkeiten"

Nach einiger Zeit mahnt Onkel Georg zum Aufbruch. „Kommt, wir müssen jetzt auf den Berg. Sonst wird es zu heiß." Der Weg ist steinig und nur am Anfang steil. Trotzdem schwitzen unsere drei. Jeder Schritt wirbelt etwas Staub auf. Jetzt im Oktober ist alles sehr trocken, es hat fast sechs Monate nicht mehr geregnet. Auf der rechten Seite taucht eine Bananenplantage auf. „Die müssen wir unbedingt fotografieren", sagt Tante Tina. „Ich wette, bei uns zu Hause gibt es Kinder, die wissen nicht, wie Bananen wachsen!" Die Arbeiter haben die Bananenbündel mit blauen Plastiksäcken überzogen, damit die 50 bis 100 Bananen an einem Stängel schneller reif werden. Sie bleiben auch bei einem großen Strauch am Weg stehen, der viele kleine gelbe und grüne Früchte trägt. „Da wachsen Kichererbsen", sagt Tina. Paula muss lachen. „Die gab es doch heute morgen auf dem Frühstücksbuffet. Die hellbraune Paste, erinnerst du dich? Sie sagen hier Humus dazu, lecker." Paula verzieht das Gesicht, sie findet Humus überhaupt nicht lecker. „Na ja, über Geschmack lässt sich streiten", sagt Tante Tina.
Endlich sind sie oben. Verschwitzt und mit roten Köpfen sinken sie auf die Stühle, die ihnen ein freundlicher alter Araber unter seinem Zeltdach anbietet. Er ist aus Nazaret,

der Heimat Jesu, etwa 35 Kilometer entfernt, und kommt jeden Morgen, um hier auf dem Berg müden Wanderern und erschöpften Pilgern Erfrischungen zu verkaufen. Seine Tochter presst Apfelsinen aus, für jeden ein Glas voll. Wie das schmeckt! Sie genießen und hören, dass diese arabische Familie eine christliche ist. „Ich glaube, es gibt immer noch viele Leute, die meinen, alle Araber seien Moslems“, sagt Tante Tina. „Die christlichen Araber hier gehören zweifellos zu den ersten Christen, vor allen andern. Natürlich haben sie es besonders schwer in diesem Land, das die Juden jetzt regieren und in dem neben vielen Moslems nur wenige Christen leben. Hoffentlich bleiben sie stark und mutig. Stellt euch vor, hier gäbe es eines Tages viele christliche Steine und Bauwerke, aber keine Christen mehr“, sagt Onkel Georg und fügt lächelnd hinzu: „Jedenfalls unterstützen wir sie schon ein wenig, wenn wir hierher kommen und sie besuchen und etwas verdienen lassen. Prost“, sagt er und trinkt den Apfelsinensaft aus. „Kommt, wir gehen zur Kirche hinüber.“ Die „Kirche der Seligkeiten“ liegt in einem herrlichen großen Garten voll bunter Blumenranken. Dort kann man bei italienischen Schwestern wohnen und an schattigen Plätzen Gottesdienst feiern oder in der Bibel lesen. Onkel Georg liest ganz langsam den Anfang der Bergpredigt Jesu. Jeder Satz beginnt mit dem Wort „Selig“. „Was heißt eigentlich selig?“, fragt Paula dazwischen. Onkel Georg fragt sie zurück: „Wann bist du sehr froh, Paula, ganz glücklich? Beim Eisessen? Beim Schwimmen? Wenn deine Mama dich in den Arm nimmt? ...“ Paula denkt nach. „Beim Reiten!“, sagt sie. Die beiden Erwachsenen müssen lachen. „Selig heißt also glücklich“, fasst Onkel Georg zusammen. *„Selig, die arm sind vor Gott“*, liest er dann vor, *„denn ihnen gehört das Himmelreich. Selig, die keine Gewalt anwenden, denn sie werden das Land erben ...“* Auf meinem Wunschzettel stehen andere Sachen, denkt Paula, aber die feierlichen Worte berühren doch das Herz: *„Selig, die Frieden stiften“*, ja, das möchte sie beherzigen, wenn sie wieder zu Hause ist. Auf dem Schulhof in der Pause, nachmittags auf dem Spielplatz um die Ecke, wenn es wieder Krach gibt, dann will sie daran denken. Friedensstifter brauchen sie nicht nur hier in Israel.

Eine große Gruppe bunt gekleideter Afrikaner betritt gerade die Kirche – oder kommen sie aus Amerika? Da gibt es ja auch viele Menschen mit schwarzer Haut. Drinnen vor dem Altar bleiben unsere drei stehen und singen „Lobet und preiset ihr Völker den Herrn ...“, sogar im Kanon, dreistimmig. Das klingt in dem hohen Raum besonders schön.

Eine Ordensschwester schenkt Paula ein Bildchen. Kinder sieht sie selten hier oben. Auch der alte Araber aus Nazaret ist nett zu Paula. Als sie vor dem Abstieg vom Berg bei ihm Feigen, Datteln und blaue Trauben kaufen, schenkt er ihr ein gelbes Eis am Stil. Jetzt kann Paula noch besser durch die Hitze zurücklaufen. Im Klostergarten von Tabgha wollen sie Picknick machen und im kühlen Quellwasser baden.

Besonders schön wirken die gelben Blüten der Mimosen. Wie Samtkügelchen fühlen sich die Blüten an. Nur in Ländern mit viel Sonnenschein wächst diese Blume.

Auf einem Hügel oberhalb des Sees liegt die Kirche der Seligpreisungen. Jesus hat an dieser Stelle einmal eine Predigt gehalten und die Zuhörer haben sie später die „Bergpredigt" genannt. Als Jesus die vielen Menschen sah, dachte er daran, dass manchmal Streit und Zank unter ihnen herrschen. Deshalb mahnt er sie: „Selig, die Frieden machen auf der Welt."

Der Friede zwischen den Menschen ist oft leichter möglich, als manche mächtigen Leute denken. Ein junger israelischer Soldat und ein alter palästinensischer Mann haben eine günstige Gelegenheit genutzt für ein Gespräch.

Auf dem See

Am nächsten Morgen geht es nach Tiberias. So heißt seit ungefähr 2000 Jahren die größte Stadt am See. Deshalb wird der See Gennesaret auch schon in den Evangelien nach ihr genannt: der See von Tiberias. Andere sagen „das galiläische Meer“. Ja, denkt Paula, das ist auch ein guter Name. So weit sie sehen kann, bis zu den Bergen, ganz weit drüben, nur Wasser, Wasser, Wasser – fast wie am Meer und das mitten im Land Galiläa. Paula will unbedingt auf das Wasser. Das ist gar nicht so einfach. Es sind zur Zeit so wenige Gäste hier, dass selten Boote fahren. Endlich landet ein großes Boot. Froh steigen sie ein. Bald folgt eine große Reisegruppe, alle suchen sich einen Platz. Kurz bevor es losgehen soll, kommt ein Matrose und erklärt: „Dieses Schiff kommt nicht zurück in den Hafen, es bleibt am anderen Ufer.“ Enttäuscht steigen Paula, Tina und Georg wieder aus. Aber Paula will unbedingt auf das Wasser, auf dem Jesus mit den ersten Freunden fuhr. Schließlich finden sie einen Mann, der ihnen ein Motorboot vermieten will. „Lieber hätte ich ein Ruderboot“, sagt Onkel Georg, „aber hiermit kommen wir schneller in die Seemitte.“ Paula genießt die Bootsfahrt. Die Wellen schaukeln das Boot, tausendfach glitzert die Sonne auf der Wasseroberfläche. Paula darf auch mal lenken,

An einigen Plätzen am See Gennesaret können wir noch schwere Holzboote sehen, wie sie wahrscheinlich auch Petrus, Andreas oder die anderen Apostel, die Fischer waren, benutzt haben. Um die Boote zu bewegen und zu steuern, brauchte man viel Kraft, besonders, wenn der Wind die Wellen hochtrieb. Die Fischer müssen also tüchtige Männer gewesen sein.

Einmal haben die Apostel so viele Fische gefangen, dass ihr Boot fast unterging. Die ganze Nacht hatten sie vergebens gearbeitet und dann befahl ihnen Jesus, es noch einmal zu versuchen – und auf einmal war ihr Boot randvoll. Ein Wunder? Ich denke schon.

mit Onkel Georgs Hilfe. Das findet sie toll! In der Seemitte stellt Onkel Georg den Motor ab. Er liest aus der Bibel, was die Jünger mit Jesus auf dem See erlebten: Vom Sturm, bei dem sie solche Angst bekamen und sich über Jesus schrecklich ärgerten; denn der *„lag auf einem Kissen im Heck des Bootes und schlief“* – als wäre nichts. Und als sie ihn schließlich wachgerüttelt hatten, sagte er auch noch: *„Warum habt ihr solche Angst? Habt ihr keinen Glauben?“* Paula ist sich sicher, dass auch sie Angst gehabt hätte. Sie denkt: „Aber wenn Jesus bei uns ist, hilft er gegen die Angst.“
Zurück an Land gehen die drei zu der kleinen Peterskirche, gleich an der Uferstraße. Sie sieht vorne aus wie ein umgestülptes Boot, deutlich kann man den Bug erkennen. Das kleine Kloster daneben war zeitweise ein Pferde- und Eselstall. Jetzt wohnen dort Brüder des heiligen Franziskus. Einer von ihnen, ein netter Amerikaner in Jeans, zeigt ihnen die Figur des heiligen Petrus im Hof: „Genau wie in Rom“, sagt er stolz. Onkel Georg liest in der Kirche die Stelle vor, wo Jesus dem Fischer Simon sagt: *„Folge mir nach!“* Das hat er getan, bis er in Rom gekreuzigt wurde – wie Jesus, nur mit dem Kopf nach unten. Er hielt sich nicht für würdig, genauso wie Jesus zu sterben.
Mittags essen sie am Hafen. Zuerst teilen sie einen der kleinen Brotfladen, die schon auf dem Tisch liegen. Paula singt: „Wenn jeder gibt, was er hat, dann werden alle satt!“ Dann gibt es gebratenen Petrusfisch. Er sieht genauso aus wie auf dem Mosaik in der Brotvermehrungskirche, drüben in Tabgha. „Fische verändern sich in 1500 Jahren eben kaum“, lacht Tante Tina. Paula probiert nur ein kleines Stück vom Fisch, weil sie Angst hat, eine Gräte mitzuschlucken. Dafür langt sie bei den Pommes frites ordentlich zu. Ständig streichen kleine magere Katzen um ihre Beine, sie haben den gebratenen Fisch gerochen. Paula sorgt aber auch für die kleinen Fische. Hunderte tummeln sich gleich neben dem Tisch im Seewasser, wenn sie ein Bröckchen Brot hinunterwirft.

Auf dem Berg Karmel

Heute sind unsere drei hoch hinauf auf den Berg Karmel gefahren. Hier oben ist die Luft herrlich klar, voll vom Duft der Pinien. Paula, Tina und Georg stehen auf dem Dach eines kleinen Klosters und bestaunen die Aussicht: Im Westen ist das Mittelmeer zu sehen, im Osten bei Nazaret der Berg Tabor und im Norden die weite Ebene, durch die sich der Kischonbach schlängelt. Das Wasser kann man zwar nicht sehen, aber Onkel Georg sagt: „Seht doch, die grüne Linie, das sind die Sträucher am Ufer. Woher sollen sie sonst hier Wasser bekommen!“ „Aber da sind doch kleine Seen“, entgegnet Paula. „Das sind Staubecken“, erklärt Onkel Georg, „das Wasser aus dem See Gennesaret ist mehr als 200 Meter hoch gepumpt worden, damit hier Landwirtschaft möglich ist.“

Dann gehen sie in die schöne Kapelle. Aus zwölf braun-weißen Felsbrocken ist der Altar gebaut, in Erinnerung an Jakob, den Stammvater Israels, und seine zwölf Söhne. Die Steine mussten nicht weit hergeschafft werden. Die ganze Gegend hier ist übersät damit. Das Kreuz und Jesus sind aus Olivenholz geschnitzt, dem Holz der Ölbäume, die hier oben reichlich gedeihen. An einer Wand sieht Paula eine gold glänzende Bildtafel: Ein Mann liegt unter einem Ginsterstrauch und ein Engel beugt sich über ihn. Mitten auf dem Bauch des Mannes entdeckt Paula ein Schlüsselloch. „Das ist aber komisch“, sagt sie kopfschüttelnd. „Was siehst du denn gleich daneben?“, fragt Onkel Georg sie. „Eine rote Lampe, wie das ‚ewige Licht‘ bei uns zu Hause in der Kirche, neben dem Tabernakel.“ „Ja, du hast vollkommen Recht“, sagt Onkel Georg und er liest eine wunderschöne Geschichte aus der Bibel vor: vom Propheten Elija, der abgekämpft und lebensmüde war und in der Wüste sterben wollte. Gott aber sandte ihm einen Engel mit einem Krug Wasser und einem Brot. Als er davon zweimal gegessen hatte, konnte er aus der Kraft dieser Speise 40 Tage und 40 Nächte weitergehen – bis zum Gottesberg Horeb. „Und deshalb ist das Schlüsselloch hier genau auf dem Bauch des Elija. Hier wird das heilige Brot aufbewahrt, durch das wir Kraft von Jesus bekommen für unsern Lebensweg. Bald darfst du es auch essen, Paula.“ „Ich weiß, bei der Erstkommunion“, antwortet sie und freut sich im Stillen schon auf diesen Tag. Dann stellen sie Opferlichter auf. Das passt hier besonders. Der Ort hier oben heißt nämlich „Muhraqua“, das bedeutet Opferstätte. Hier hat Elija vor den Augen heidnischer Priester Gott ein Opfer gebracht, und endlich kam der ersehnte Regen, Wasser, Leben. Paula denkt beim Kerzenanzünden an ihre Eltern und ihre Freundinnen und dass man in Deutschland bei Regen von schlechtem Wetter spricht. Hier, in dieser Hitze, ist Regen ein Segen. Draußen vor der Kirche spricht Onkel Georg noch mit den drei Mönchen, die hier oben in der Einsamkeit leben. Einer ist Italiener, einer Amerikaner, einer Inder. Sie gehören zu dem Orden, der nach diesem Berg benannt ist, weil er hier vor ungefähr 800 Jahren entstanden ist: Karmeliter nennen sie sich, es gibt sie überall auf der Welt. Sie suchen Gott in der Einsamkeit und in der Stille – wie Elija, der Prophet am Gottesberg Horeb und wie Jesus, der deshalb auch gerne auf Berge stieg. Jetzt im Augenblick beten und schweigen sie nicht, die drei Karmeliter, denn sie entkernen frisch geerntete Oliven. Die machen sie dann ein – so ähnlich wie Oma im Sommer die Kirschen, aber mit Salz und nicht mit Zucker. Paula denkt: Warum sind die wohl so fröhlich hier oben in der Einsamkeit? Hier ist doch nichts los! Die drei scheinen glücklich zu sein.

Der Karmel ist ein bewaldeter Gebirgszug östlich der Stadt Haifa. Durch die Wiesen schlängelt sich der Bach Kischon, der oben im Karmelwald entspringt.

Da hat der große Bruder die kleineren Geschwister einfach auf das Familien-Eselchen gepackt. Geduldig wie ein Taxi schleppt das Grautier die drei. Zwei braune Hammel machen das Sextett aus, das gemeinsam unterwegs ist.

Auf dem höchsten Berg des Karmelgebirges erinnert ein Denkmal an den Propheten Elija. Vor mehr als 2000 Jahren hat er auf den Höhen des Karmel seine Glaubensgenossen ziemlich rabiat davor bewahrt, vom richtigen Glauben abzufallen.

In Akko

Über viele Kurven fahren sie vom Berg Karmel herunter und durch die größte Hafenstadt Israels, durch Haifa. Riesige Schiffe liegen in der Bucht und Onkel Georg erzählt, wie er vor vielen Jahren als Student von hier aus mit einem alten griechischen Schiff nach Europa zurückgefahren ist. „Ich wurde so seekrank, dass ich fast sterben wollte. Drei Tage schwankte unter mir noch der Boden, als wir wieder auf dem Festland waren.“ Gut dass sie bequem mit dem Flugzeug in wenigen Stunden wieder nach Hause kommen würden. Nachdem sie sich in der Großstadt heillos verfahren haben, kommen sie schließlich doch in Akko an.

Es ist eine sehr schöne, uralte Hafenstadt, sie kommt mit dem Namen Ptolemais in der Apostelgeschichte vor, wo von einem Besuch des Paulus in Ptolemais die Rede ist. Das interessiert Paula aber im Augenblick nicht so sehr; denn sie darf an einem Sandstrand vor der Stadt den Badeanzug anziehen. Endlich. Jetzt ist Paula glücklich. Sie rennt in die flachen Wellen und baut eine Burg. Die Nachmittagssonne vergoldet alles. Wie schön ist das Heilige Land!

Nicht schön findet Paula, was ihr Onkel Georg später beim Essen am Strand berichtet: „Vor ungefähr 900 Jahren kamen Ritter und Soldaten aus Deutschland, Frankreich und

Am Fuß des Karmelgebirges liegt die moderne Stadt Haifa. Sie ist zugleich der größte Hafen Israels. Aber auch zur Zeit der Apostel gab es hier schon Siedlungen.

Akko – der Name klingt seltsam. So heißt die kleine Hafenstadt im Norden von Israel. Hier sind die Kreuzfahrer mit ihren Schiffen gelandet. Sie haben Burgen, Paläste und Kirchen gebaut. Imposant ist die monumentale Hafenmauer und ihre runden Bastionen.

Feigen kann man bei uns in Mitteleuropa nur in den Geschäften kaufen. Im Land der Bibel aber wachsen die Feigenbäume und Feigensträucher in den Gärten und am Straßenrand. Selbst die „wilden“ Feigen schmecken saftig und süß.

ganz Europa hier mit Schiffen an. Sie wollten das Land wieder für Jesus Christus gewinnen. Etwa dreihundert Jahre vorher hatten es nämlich die Moslems erobert. Die kennen Jesus auch, sie nennen ihn Isa ben Miriam, Jesus Sohn der Maria, und halten ihn für den größten Propheten neben Mohammed, aber sie glauben nicht, dass Gott selbst in Jesus zu uns kam. Sie halten sich mehr an Mohammed. Er hat ihnen ihr heiliges Buch gegeben, den Koran.

Damals gab es furchtbare, blutige Kämpfe zwischen den Moslems im Heiligem Land und den Christen, die hier in Akko landeten. Sie nannten sich Kreuzfahrer.

Paula bleibt der Mund offen stehen, als Onkel Georg das erzählt. Sie denkt an die moslemischen Kinder zu Hause in ihrer Klasse. Sie vertragen sich meistens gut und spielen in der Pause zusammen. „Sie sind doch Menschen wie wir!“ Tante Tina nickt ernst: „Wenn das doch alle begreifen würden! Zunächst einmal sind wir alle Menschen!“

Später gehen sie durch die schöne alte Stadt. Da gibt es Kirchen für die Christen und Moscheen für die Moslems. „Das ist ein Minarett“, sagt Onkel Georg und zeigt auf den schlanken spitzen Turm, der in der Abendsonne hoch aufragt, ganz in der Nähe eines Kirchturms. „Seht ihr“, sagt Tina, „es geht zusammen, in guter Nachbarschaft.“

„Das nervt aber“, sagt Paula, als in der Dämmerung plötzlich aus dem Lautsprecher, oben am Minarett, lauter Gesang heruntertönt. „Ja, ist nicht gerade unsere Musik“, sagt Onkel Georg, „aber hier wird ganz laut bezeugt, dass Gott der größte ist. Außer Gott gibt es keinen anderen Gott! Jetzt müssen alle Moslems beten, zu Hause, auf der Straße oder in der Moschee. Sie werfen sich auf die Erde, fünfmal am Tag, vom frühen Morgen an.“ „Fünfmal am Tag wäre mir zu viel“, sagt Paula. „Wenn du mit deiner Freundin einen Tag verbringst, redest du aber noch öfter mit ihr“, gibt Onkel Georg ihr zu bedenken. Paula denkt eine Weile nach. „Also glauben die auch an Gott?“, sagt sie schließlich. „Ja klar, Paula, an den einen Gott“, antwortet Georg, „sie sprechen ihn aber arabisch an: Allah – heißt Gott, und weil sie Jesus kaum kennen, stellen sie sich Allah anders vor als wir. Wir lernen Gott in Jesus kennen. Wir glauben, dass er Gottes Sohn und uns im Heiligen Geist ganz nahe ist.“

Als sie zurück zum Auto kommen, wird es bereits dunkel und Tina bietet an, sich für die Heimfahrt nach Tabgha ans Steuer zu setzen. „Setzt du dich dann zu mir nach hinten?“, fragt Paula den Onkel. Müde lehnt sie sich an ihn an, es war ein langer Tag. Bald ist sie eingeschlafen.

Im Taubental

Heute geht es gleich nach dem Frühstück los. Paula, Tina und Georg wollen in die Heimat Jesu. Zuerst kommen sie nach Magdala, das heute Migdal heißt. „Hier war Maria Magdalena zu Hause“, erklärt Onkel Georg, bevor sie die Uferstraße verlassen. „Deshalb heißt sie so.“ „Also hat unsere alte Tante Leni ihren Namen schließlich von diesem Ort hier“, lacht Tina. „Maria aus Magdala ist im Evangelium eine ganz wichtige Frau. Sie hat Jesus und seine Jünger sehr unterstützt und vor allem war sie die erste, die ihn nach seinem Tod lebendig wiedersah. Noch vor den Männern sah ihn diese Frau!“, erklärt Onkel Georg, „und deshalb muss man sie eigentlich Apostelin der Apostel nennen; denn Jesus schickte sie zu den Freunden, um ihnen die unglaubliche Nachricht zu bringen.“ Über dem Heimatort dieser großen Frau ragen die Felsen hoch auf. „Der große Berg hier heißt Arbel; er ist oben ganz flach, früher war sogar einmal eine Stadt darauf gebaut. Wir kommen später von hinten leicht hinauf.“ Nein, hier vorne möchte Paula nicht hochklettern müssen, das ist ihr zu steil - und dann in der Hitze, die sie schon jetzt am Morgen schwitzen lässt! Sie stellen das Auto ab und gehen zu Fuß weiter. Paula ist froh; denn beim Fahren wird ihr leicht schlecht. „Wisst ihr, wie das hier heißt? Wadi Hamam,

Taubental. Da oben nisten Hunderte von Wildtauben!“ Paula sieht zu den vielen kleinen und großen Höhlen in den Felswänden hinauf. „Manchmal haben sich da oben auch Aufständische versteckt, damit die Soldaten sie nicht verhaften konnten. Einmal aber ließen die sich von oben abseilen und töteten die Aufständischen. Später lebten christliche Einsiedler in den Höhlen, weil der Weg durch das Tal ein Weg ist, den Jesus oft gegangen ist. Hier kam er von Nazaret herunter. Ungefähr 30 Kilometer ist das von hier entfernt, etwa einen Tag brauchte er zu Fuß.“ Zu Fuß gehen auch sie ein Stück in das schöne Tal hinein. Kein Auto kann hier durch! Im Bach ist auch nach der langen sommerlichen Trockenzeit noch etwas Wasser, ein Pferd trinkt zwischen den Steinen, weiter oben schreit ein Esel, sogar einige Kühe sind hier bei ihrer mühsamen Suche nach etwas Fressbarem. Die drei gehen ein Stück den steilen Hang hinauf. Tina bricht einige Dornenzweige ab. Sie hat sie ihrer Freundin versprochen. Die braucht sie, um eine Dornenkrone zu flechten, für die Vorbereitung ihrer Kommunionkinder in der Gemeinde.

Am Nachmittag fahren sie wie geplant von der anderen Seite an den Berg heran. Von oben hat man einen herrlichen Blick über den ganzen See Gennesaret. Paula muss für ein Foto posieren, auf dem sie herüberzeigt zum Berg der Seligkeiten am Nordwestufer, an dem viele wichtige Ereignisse aus den Evangelien stattfanden. Hier oben ist es schön, der Bergwind tut gut. Unter einem Baum rastet eine große jüdische Familie. „Sie haben sicher zum Schabbat hierher einen Spaziergang gemacht.“ „Was ist denn das schon wieder?“, will Paula wissen. „Wir sagen Sabbat“, erklärt ihr Onkel Georg geduldig. „Es ist der Ausdruck für den siebten Tag. Du hast ja vielleicht schon mal gehört: Das dritte von den zehn Geboten lautet: Halte den Sabbat heilig. Das hält die Juden auf der ganzen Welt seit Jahrtausenden zusammen. Der siebte Tag ist der Ruhetag für Gott, ein fröhlicher Feiertag ohne jede schwere Arbeit! Wir Christen haben den Ruhetag auf den Sonntag verschoben, weil es der Tag der Auferstehung Christi ist!“ „Ja“, sagt Paula, „aber du hast neulich gesagt, bei Juden und Christen beginnt der Festtag immer am Abend vorher, wenn die Sonne untergeht!“ „Stimmt“, sagt Onkel Georg, „und was willst du damit sagen?“ „Dass jetzt gleich der Sabbat aufhört und der Sonntag anfängt und du mir deshalb da vorne ein Erdbeereis kaufen könntest.“ Über so viel Pfiffigkeit müssen Onkel Georg und Tante Tina laut lachen und kaufen Paula das größte Erdbeereis, das es an dem Eiswagen gibt.

Wenn die Wanderer durch das Taubental immer weiter aufwärts klettern, erreichen sie schließlich den Gipfel des Berges Arbel. Nur einen einzigen Baum hat der oft stürmische Wind überleben lassen. Das mühselige Klettern lohnt sich, denn vom Gipfel aus reicht der Blick weit in die Landschaft von Galiläa.

Rund um den See Gennesaret ist das Land sehr fruchtbar. Dort wachsen aber nicht nur Bananen und Apfelsinen, sondern auch viele Blumen. Im Frühjahr blüht es dort in allen Farben. Besonders schön hebt sich auf dem Hintergrund des blauen Wassers die große orangefarbene Blüte ab.

Nazaret

Was machst du?", ruft Tante Tina leicht entsetzt. Onkel Georg hat plötzlich gebremst und das Auto am Rand einer viel befahrenen Straße gestoppt. „Siehst du das Ortschild da vorne nicht?", fragt er. „Ich muss es fotografieren. Hier ist für uns Christen einer der wichtigsten Orte der Welt. Hier lebte Jesus 30 Jahre von seinen 33. Für immer bleibt der Name dieser Stadt weltbekannt. Heute ist sie groß, damals war es ein kleines Dorf, kaum über 100 Einwohner!" „Wie will man das denn noch wissen?", fragt Paula. „Ganz einfach", antwortet Onkel Georg, „wegen der Quelle. Die einzige Quelle von Nazaret sprudelt noch immer. Ihr Wasser reicht für etwa 100 Menschen sowie die Schafe, Ziegen und Esel, mit denen und von denen sie lebten!" „In so einem kleinen Ort kannte bestimmt jeder jeden", fügt Tante Tina hinzu. Paula sieht im Stau auf der Hauptstraße Massen von Menschen, dazu wild hupende Autos und Busse. Ruhe stellt sich für unsere drei Besucher erst an der Quelle ein. Ganz unten in der Gabrielkirche kann man sie sehen und rauschen hören und sogar daraus trinken. Sie beten zusammen das „Gegrüßet seist du, Maria" und Onkel Georg erklärt, dass der Engel Gabriel diese Worte vielleicht hier an der Quelle zu Maria gesagt hat: „Jedes Mädchen hatte mindestens einmal am Tag hier Wasser zu holen. In einem großen Krug trug sie es nach Hause, auf der Schulter oder auf dem Kopf. An der Quelle traf es die anderen Mädchen und Frauen des Dorfes und die neu angekommenen Fremden und Gäste." Paula kann sich das gut vorstellen, besonders als sie unter den vielen Bildern, die auf die Wände und die Decke der Kirche gemalt sind, diese Szene entdeckt. „Die Worte des Engels", sagt Tina „stehen da oben auf Griechisch, Arabisch, Englisch und Französisch." „Und nicht auf Deutsch?", fragt Paula leicht empört. „Na, so wichtig sind wir Deutschen auch nicht überall auf der Welt", gibt die Tante ihr zu bedenken. „Und außer in Österreich und einem Teil der Schweiz spricht man unsere

Über dem Haus – vielleicht war es auch nur eine Wohnhöhle, wo der Erzengel Gabriel Maria angekündigt hatte, dass sie ein Kind zur Welt bringen wird, das Gott zum Vater hat – haben fromme Christen eine riesengroße Kirche gebaut mit einer seltsamen Kuppel. Man nennt sie die Verkündigungsbasilika.

Im Innern der Verkündigungskirche überraschen die Ruinen einer früheren kleinen Kirche, die über dem Haus von Maria erbaut wurde. Der kleine Altar im früheren Chorraum der zerstörten Kirche ist die eigentliche Kirche des gewaltigen Gotteshauses.

Sprache auch nur in unserem Land!" In einer großen Schale aus Messing stecken schon viele dünne Kerzen im Sand. Gegen eine kleine Spende gibt ihnen der Hüter der Kirche auch welche: Paula nimmt drei und sagt bei jeder, für wen sie angezündet wird.
Dann gehen sie zu der großen Verkündigungsbasilika. Es sind eigentlich zwei Kirchen übereinander. Man sieht darin und im Kirchhof davor sicher 100 verschiedene Darstellungen der Muttergottes, jede aus einem anderen Land der Erde gestiftet. In der unteren Kirche sieht man eine Höhle mit einem Altar. „Hier ist das Wort Fleisch geworden", steht in lateinischer Sprache am Altar. Hier hat Maria Jesus empfangen. Paula, Tina und Georg gehen auch noch in die benachbarte Josefskirche. Da sind ganz unten Höhlen zu sehen, die zur Zeit Jesu als Wohnungen dienten: ein einziger Raum zum Schlafen, Wohnen, Kochen. Für die Nacht rollte man Matten aus, rings um die Feuerstelle, über der ein Kochtopf hing. Alle Leute in Nazaret lebten so einfach. Meistens konnten sie ja draußen sein, die Wohnhöhle war für die Nacht und die wenigen Wochen der Regenzeit. So hätte Paula sich das nicht vorgestellt. Ob sie so leben könnte - kein Kinderzimmer, kein Fernseher, kein Kühlschrank? „Viele Kinder leben heute auf dieser Welt noch so ähnlich!", sagt Onkel Georg nachdenklich, als sie am Markt einen Saft trinken. In den engen Straßen drängeln sich viele Läden und Verkaufsstände. Schließlich fahren sie auf einen Berg am Rand der Stadt und suchen sich ein ruhiges Plätzchen. Gut kann man von hier oben, mitten im Häusermeer, den Hügel erkennen, auf dem das kleine Dorf Nazaret zur Zeit Jesu war, genau da, wo jetzt die große Basilika der Verkündigung steht. „Da also hat der kleine Jeschua laufen gelernt", sinniert Tina. „Wer?", fährt Paula dazwischen. „Jeschua", sagt Tina, „so rief ihn doch seine Mutter. Sie sprachen Aramäisch hier im Dorf und beim Gottesdienst die alte Sprache der Bibel, Hebräisch, die jetzt wieder in Israel die Umgangssprache ist." „Jeschua", ruft Paula plötzlich, „kommst du spielen?" Sie lachen alle drei über diesen lustigen Einfall. Ja, hier auf diesen Höhen war er als Junge mit seinen Freunden unterwegs. Zwischen den Felsblöcken spielten sie Verstecken und kletterten obendrauf. Jeschua war ein richtiger Junge, vielleicht etwas nachdenklicher als die anderen und aufgeweckter. Über diese Hügel hier zog er später mit seinem Vater zu den Baustellen der Umgebung; denn in dem kleinen Dorf gab es sicher nicht genug Arbeit. „Da wäre ich gerne mal mitgegangen", meint Onkel Georg, „nur um zu hören wie Josef und Jesus miteinander sprachen!" Dann sitzen die drei noch eine ganze Weile da, ohne zu reden.

In seiner Stadt

Kapharnaum – the town of Jesus, Kafarnaum – die Stadt Jesu“ liest Tante Tina laut von dem Schild am Gittertor ab. Heute Morgen sind sie von Tabgha aus zu Fuß am See entlang hierher gegangen, ein Weg, den Jesus und die ersten Freunde oft gemacht haben, etwa zwei Kilometer. „Wieso ist hier die Stadt von Jesus?“, fragt Paula erstaunt. „Das ist doch Nazaret, wo wir gestern waren!“ „Klar“, sagt Onkel Georg, „Jesus stammt aus dem Dorf Nazaret und lebte dort bis etwa zu seinem 30. Lebensjahr. Aber dann verließ er seine Heimat und hier in Kafarnaum fand er die ersten Freunde, die ihm helfen sollten, die Menschen für Gott zu sammeln. Es waren zwei Brüderpaare: Andreas und Simon und die Söhne des Zebedäus, Jakobus und Johannes. Alle waren Fischer. Simon war hier verheiratet und im Haus seiner Schwiegermutter wohnte vermutlich Jesus immer, wenn er hier war. Im Evangelium heißt es deshalb: Er kam in seine Stadt. Er fand hier immer mehr Freunde und Verehrer. Kafarnaum hatte nicht nur einen wichtigen Fischerhafen, hier war auch eine Zollstation, an der Grenze zwischen dem Gebiet des Königs Herodes Antipas und dem seines Bruders Philippus. Sogar eine Garnison gab es hier, also eine Kaserne mit Soldaten. Von einem Hauptmann in Kafarnaum stammt ja

der Satz, den du als Kommunionkind bald auswendig können musst, Paula, wir sagen ihn in jeder Messe vor dem Empfang der heiligen Kommunion!“ „Ach, das kann ich schon“, sagt Paula, die immer schnell auswendig lernt, und sie schnurrt herunter: „Herr, ich bin nicht würdig, dass du eingehst unter mein Dach, aber sprich nur ein Wort, so wird meine Seele gesund!“ Paula schaut ihn einen Augenblick an und fragt dann: „Hör mal, das verstehe ich nicht, hat der Hauptmann denn auch Kommunionunterricht gehabt? Das ist doch Quatsch.“ „Natürlich nicht“, antwortet ihr der Onkel geduldig. „Er hatte einen kranken Knecht, den sollte Jesus gesund machen, aber er hatte das Gefühl, dass er für Jesus nicht gut genug war, er fand sich nicht würdig, ihn bei sich zu empfangen. Andererseits hatte er solches Vertrauen zu dem Mann aus Nazaret gefasst! Er glaubte, ein Wort von Jesus genüge, um den Knecht gesund zu machen! Und so war es dann ja auch.“
„So“, sagt Onkel Georg, „jetzt aber los, wir gehen zuerst zur Synagoge, wo Jesus bestimmt jeden Sabbat beim Gottesdienst war, wenn er auf seinen Wanderungen durch das Land hier ausruhte.“ Neben dem Hauptraum, der kein Dach mehr hat, sieht Paula noch einen kleineren. „Das war die Schule“, erklärt Onkel Georg. „Gebetsraum und Schule gehören bei den Juden oft zusammen!“
Von der Synagoge sind sie in einer Minute am Haus der Schwiegermutter von Simon Petrus. „Woher sollen wir denn wissen, dass es dieses war?“, fragt Paula kritisch. „Hier sind doch viele Reste von Häusern und alle aus dem schwarzen Stein!“
„Ja, alle waren eng aneinander und aus Basalt gebaut“, erklärt der Onkel, „ganz einfach und ziemlich ähnlich. In diesem Haus hier aber hat man vor einigen Jahren Mauerreste ausgegraben, die zu einer kleinen achteckigen Kapelle gehörten. Sie ist schon im 5. Jahrhundert hier gebaut worden, auf dem Fundament einer noch älteren und noch kleineren und wir dürfen sicher annehmen, dass die Christen, die hier mitten unter den Juden wohnten, noch wussten, wo die ersten Christen sich versammelt hatten!“ „Schade, dass hier kein Haus mehr steht“, sagt Paula. „Ich würde so gerne das sehen, wo sie den gelähmten Jungen durch das Dach zu Jesus abgeseilt haben, weil vor der Haustür so viele Leute die Straße verstopft hatten.“ „Ja“, sagt Georg, „das muss ein toller Anblick gewesen sein, wie der da herunterkam. Bestimmt musste auch Jesus lächeln, als er das sah!“

Jedes Mal, wenn Jesus in Kafarnaum war, besuchte er auch die Synagoge. Die Einwohner von Kafarnaum waren einem römischen Offizier dankbar, der ihnen ein schönes Gebetshaus geschenkt hatte. Vielleicht war es so schön wie die Synagoge, deren Säulen und Wände wir heute bestaunen können.

In Kafarnaum lebten nicht nur Fischer, sondern auch viele Besitzer von Mühlen. Oliven und Korn wurden hier gemahlen. Bei Ausgrabungen haben die Archäologen viele alte Mühlsteine gefunden.

Wenn die Fischer bei Sonnenaufgang vom nächtlichen Fischen heimkehren, holen sie die Netze aus dem Wasser und reparieren sofort die Schäden, die bei der Arbeit entstanden sind. Bei dieser Tätigkeit hat Jesus eines Tages einige Fischer angesprochen, die seine Jünger und Freunde wurden und mit ihm gezogen sind.

Durchs Jordantal zum Toten Meer

Nachdem unsere drei Reisenden noch einen erholsamen Sonntag im Kloster von Tabgha verbracht haben, heißt es tags darauf Abschied nehmen vom See Gennesaret, was Paula schwer fällt. „Ich will nicht nach Jerusalem!“, hat sie schon einige Male in den letzten Tagen gesagt. Dort würde es nicht so lustig sein, kaum ein Garten und erst recht kein Wasser zum Schwimmen und Plantschen. Aber es gibt noch so viel zu sehen in Israel! Die Schwestern und die Mönche von Tabgha herzen Paula und danken Onkel Georg und Tante Tina für ihren Besuch: „Kommt doch mal wieder und nicht nur für eine Woche!“

An einer Bananenplantage machen die drei noch einmal Halt. Paula muss sich zum Foto unter eine Staude stellen, damit man sieht, wie groß die sind.
Da, wo der Jordan den See wieder verlässt, biegen sie zur „Taufstelle“ ab. Natürlich weiß niemand mehr ganz genau, wo Jesus von Johannes getauft wurde, aber hier kann man es sich ganz gut vorstellen. Tiefgrün und ruhig fließt das Wasser unter den Eukalyptusbäumen dahin. Paula sieht etwa zehn Menschen hineinsteigen. Sie haben sich weiße Kleider übergezogen und lachen, als sie tropfnass aus dem Wasser kommen. Sie sind aus Bolivien, erfährt Tante Tina, die gut Spanisch

spricht. Paula watet am Rand in dem warmen Wasser. Gleich schwimmen ein Dutzend kleiner Fische heran und knabbern an ihren Füßen. „Iiih", ruft Paula und weiß nicht so ganz genau, wie sie das finden soll. Am Parkplatz betrachten Paula, Tina und Georg das Evangelium von der Taufe Christi in bald 20 verschiedenen Sprachen auf schönen Keramiktafeln.

Dann geht es weiter durch das Jordantal. Onkel Georg zeigt nach links, nach Osten. „Da drüben", sagt er „das ist Jordanien, das Nachbarland." Auch die brauchen natürlich Wasser und holen es sich schon aus den kleinen Nebenflüssen des Jordan. Etwa 100 Kilometer fahren sie nach Süden. Paula sieht die Berge der Wüste, aber auch immer wieder grüne Flecken. Da muss wohl Wasser sein. Entlang der Straße wird unter Zeltdächern Obst und Gemüse verkauft. Bald macht die Mittagshitze die Reisenden müde. Paula schläft auf dem Rücksitz ein. „Da ist schon Jericho", hört sie beim Aufwachen, „die Palmenstadt, die größte Oase der Welt. Hier lebte Zachäus, der Oberzöllner, bei dem Jesus sich eines Tages einlud." Am tiefsten Punkt der Erde machen sie Mittagsrast. Paula kann es kaum glauben. Hier sind sie 396 Meter unter dem Meeresspiegel. „Gut, dass die hohen Berge von Judäa das Wasser abhalten", sagt Onkel Georg lächelnd, als er ihr ängstliches Gesicht sieht. Dann darf Paula mit ihm auf das Kamel klettern, das dort auf Reiter wartet. „Das stinkt aber", beschwert sich Paula. Trotzdem lässt sie sich vom Kameltreiber auf das riesige Tier heben, gleich vor Onkel Georg. Sie müssen sich fest an den Kamelsattel klammern, denn das noch liegende Tier steht jetzt auf: zuerst hinten, so dass sie einen Augenblick das Gefühl haben, nach vorne abzustürzen. Dann aber reiten beide stolz einen großen Kreis, Tante Tina muss sie knipsen. Nach dem Imbiss an einem Kiosk fahren sie zu einem Badestrand an das Tote Meer. Es ist so salzig und bitter, dass kein Tier darin lebt. Daher der Name: Totes Meer. „Das kommt, weil es keinen Abfluss hat", erklärt Onkel Georg Paula. „Der Jordan fließt hinein, aber dann verdunstet sein Wasser seit Hunderttausenden von Jahren und diese leblose Brühe bleibt übrig." „Sieh zu", rät ihr Tante Tina, „dass du nichts davon in den Mund bekommst, es schmeckt ekelhaft." Als alle drei ihre Badesachen angezogen haben, will Paula nicht ins Wasser. Sie hat nämlich gleich gemerkt, dass es brennt, denn sie hat eine kleine Wunde am Fuß. „Komm", sagt Tante Tina, „das lässt gleich etwas nach. Dieses Wasser ist gut für deine Wunde, sie wird danach schneller heilen. Hier am Toten Meer suchen viele Menschen Heilung, die an Hautkrankheiten leiden, besonders der schwarze Schlamm tut gut.“ Obwohl sie beide keine Hautprobleme haben, schmieren sich Tante Tina und Onkel Georg mit dem Schlamm ein. Und Onkel Georg tanzt ziemlich albern in der Sonne herum, findet Paula jedenfalls. Dann legen sie sich auf das Wasser. Schwimmen kann man kaum. Man muss sich auch gar nicht bewegen. Das Wasser trägt. Einige Badegäste lesen Zeitung, liegend auf dem Wasser, nur für ein Foto selbstverständlich. Paula sagt: „Ich finde es aber schöner, im See Gennesaret zu baden.“ Das finden sie eigentlich alle drei. Trotzdem ist es ein tolles Erlebnis, einmal auf dem Wasser zu liegen, ohne sich bewegen zu müssen.

Der Jordan ist der einzige Fluss im Heiligen Land, der das ganze Jahr über Wasser führt. Die anderen Flüsse trocknen unter der heißen Sonne aus. Der Jordan entspringt am Fuß des Berges Hermon. Auf dem Weg durch den See Gennesaret und durch das Jordantal zum Toten Meer wird sein Wasser immer weniger, weil die Menschen es abpumpen, um Trinkwasser zu haben und die Gemüsefelder zu bewässern.

Schafe sind genügsame Tiere. Aber Futter und Wasser brauchen sie auch. Im Sommer ist der Hirt mit den Herden oft stundenlang unterwegs, um zu einer Wasserstelle zu kommen. Diese Schafherde zieht auf einem ganz schmalen Trampelpfad durch die Wüste Juda.

Weil so gut wie kein Wasser mehr zufließt und es hier nicht regnet, verdunstet das Wasser des Toten Meeres immer mehr. Es wird immer salziger. Dicke Salzbrocken treiben auf seiner Oberfläche. Kein Fisch kann darin leben, kein Vogel daraus trinken und kein Baum durch seine Wurzeln Wasser aufnehmen. Es sieht aus, als wäre alles Leben abgestorben. Daher der Name „Totes Meer".

Durch die Wüste nach Jerusalem

Dann sind sie froh, dass sie Salz und Schlamm unter den Duschen am Ufer wieder abwaschen können. Sie trinken einen großen Becher Mineralwasser, das belebt. „Hier in der trockenen Hitze muss man besonders viel trinken“, erklärt Tante Tina dem Mädchen. „Du merkst gar nicht, dass du schwitzt und verlierst doch ständig Flüssigkeit.“ Dann steigen sie ins Auto. Auf bequemer breiter Straße geht es in die Wüste hinein, die Wüste Juda, in der Johannes der Täufer lebte und wahrscheinlich auch Jesus selbst 40 Tage lang, nach seiner Taufe im Jordan. „Hoffentlich macht das Auto hier keine Zicken“, sagt Tina, als sie auf eine einsame Nebenstraße abbiegen. „Wie lange würde es dauern, bis uns hier jemand findet?“ Onkel Georg ist auch etwas mulmig zumute, sagt aber nichts, damit die beiden anderen keine Angst bekommen. In vielen Kurven geht es erst aufwärts, dann wieder abwärts. „Wo fährst du uns eigentlich hin?“, sagt Tina zu ihm, mit leichtem Vorwurf in der Stimme. „Ich möchte Paula das Wadi Kelt zeigen. Es ist das Tal, das von Jericho bis in die Nähe von Jerusalem führt, 30 Kilometer durch die Wüste, wahrscheinlich der Weg, den auch Jesus und seine Jünger nahmen und die anderen Pilgergruppen, die von Nazaret in Galiläa zu den großen Festen in die Heilige Stadt zogen. Sie mussten an einem Tag 1200 Meter hochsteigen, von Jericho nach Jerusalem und das in der Hitze!" Endlich hält Onkel Georg das Auto an. Ein Kreuz steht einsam auf einem Sandhügel an der Straße. Davor sehen sie einen braungebrannten Jungen, ungefähr in Paulas Alter, ganz allein. In der Nähe liegt ein Kamel, sicher das seines Vaters, auf das er aufpassen muss. Sie schenken ihm etwas Kleingeld zum Dank, dass er sich fotografieren lässt. „Er gehört zu den Beduinen, die hier in Zelten leben. Wenn ihre Schafe, Ziegen, Esel und Kamele nichts mehr zu fressen finden, müssen sie die Zelte abbauen und weiterziehen, bis sie einen neuen Futterplatz finden. Sie sind also Wanderhirten", erklärt Onkel Georg. Paula will wissen, ob sie nicht zur Schule gehen. „Doch", antwortet ihr der Onkel, „es gibt da und dort Baracken oder einfache Häuser, wo sie zeitweise Unterricht haben, ein wenig Rechnen und Schreiben, nicht so wie in deiner Schule. Und wenn sie weiter müssen, dann ist die Schule wieder mal vorbei. Sie lernen, wie Jahrtausende lang die Kinder gelernt haben: Das Wichtigste, das man fürs Leben braucht, lernt man in der Familie, von den Eltern und Großeltern und den älteren Geschwistern."

Dann klettern sie über unendlich viele Steine den Hügel hinauf. „Da ist es", sagt Onkel Georg, und zeigt nach tief unten ins Tal. „Da liegt das St. Georgskloster, ich habe gehört, dass zuletzt nur noch ein einziger Mönch dort lebte. Verdursten musste er offenbar nicht; denn man sieht auch aus dieser Entfernung Bäume am Kloster, einen ummauerten Garten sogar. Ja, es gibt dort Quellwasser und alle, die vorbeikommen erhielten es im Kloster umsonst, gratis."

„Ganz allein in der Wüste?" „Ja, Paula", antwortet Onkel Georg ihr, „das können nur wenige aushalten." „Hier kann man sich das richtig vorstellen", sagt Tante Tina nach einer Weile, „ich meine die Geschichte von dem Mann, der hier unter die Räuber fiel und von dem barmherzigen Samariter, der ihm so großzügig geholfen hat." „Das müssen wir noch lesen", beschließt Onkel Georg, „hier am Tatort sozusagen." Schnell holt er die Bibel aus dem Auto und in der jetzt milderen Nachmittagssonne sitzen die drei bald auf drei Steinen und Onkel Georg beginnt: *„Ein Mann ging von Jerusalem nach Jericho und fiel unter die Räuber..."*

„Ob es auch jetzt noch Räuber gibt?", fragt Paula etwas bang. Onkel Georg antwortet: „Räuber, Paula, gibt es überall auf der Welt, manchmal auch hier. Paula ist froh, als sie wieder im Auto sitzen. Dem Beduinenjungen schenken sie durchs Fenster noch ein Päckchen Waffeln. So was bekommt er sicher selten.

Als sie wieder auf der Hauptstraße sind, fängt Onkel Georg plötzlich laut an zu singen, irgendetwas mit „Hallelu, hallelu." „Ja, seht ihr denn nicht da oben am Horizont? Das sind die drei Türme auf dem Ölberg, noch 15 Kilometer bis Jerusalem! Wenn die Pilger so weit waren, wie wir jetzt, dann stieg die Vorfreude auf das Ziel. Sie brauchten dann noch etwa vier Stunden zu Fuß. Wir sind mit dem Auto in ein paar Minuten bequem da oben." In weitem Bogen fahren sie um den Ölberg herum und Onkel Georg freut sich, wie schnell sie das Stephanstor in der Mauer der Altstadt finden und durch die enge Straße zu ihrem Quartier. Im „Österreichischen Hospiz" erwartet man sie schon. Während Georg und Tina die Koffer auspacken, geht Paula ganz allein die Treppe hoch auf das flache Dach des Hauses. Oben schaut sie sich staunend um. In der Dämmerung sieht sie zum ersten Mal die Heilige Stadt Jerusalem. Eine goldene Kuppel leuchtet herüber und gegenüber ein golden strahlendes Kreuz. Abendglocken läuten von den Kirchen und die Lautsprecher von den Moscheen rufen zum Abendgebet.

Wohin wir schauen. In alle Himmelsrichtungen. Die Wüste Juda sieht immer gleich aus. Sand, Steine, Dünen, Disteln. Die Orientierung fällt schwer. Menschen meiden diese Gegend. Hier ist jeder ganz allein.

Das Wadi Kelt ist ein tiefes Tal mitten in der Wüste Juda. Der Bach Cedron hat es im Laufe von vielen tausend Jahren in die Wüstenberge gegraben. An der Felswand klebt ein Gebäude wie ein Vogelnest. Es ist das St. Georgskloster. Die Mönche wollten ganz allein sein, um in der Einsamkeit sich ganz auf Gott und das Beten zu konzentrieren.

Im St. Georgskloster leben seit einigen Jahren keine Mönche mehr. Sie sind in andere Klöster weggezogen. Bei meinem letzten Besuch habe ich mich von dem alten Pater Chrysostomos verabschiedet. Viele Jahre hat er in dem abgelegenen Kloster gelebt.

Paula geht zum Heiligen Grab

Wenn man in Jerusalem angekommen ist, geht man zuerst zum Heiligen Grab“, verkündet Onkel Georg beim Frühstück. Als sie aus der Haustüre wollen, müssen erst einige Soldaten aufstehen und ihnen Platz machen. „Die halten hier Wache“, sagt der Onkel, „da kann uns nichts passieren.“ Durch die engen Gassen, an zahllosen Geschäften vorbei, führt er Paula an der rechten und seine Frau an der linken Hand, wenn das Gedrängel der Menschen es erlaubt. Wenigstens gibt es hier keine Autos, die Stufen in den kleinen Sträßchen erlauben das zum Glück nicht. Nur manchmal müssen sie schnell beiseite, wenn jemand seinen Karren durchschieben will. Plötzlich wird die Straße breiter, sie treten durch ein Tor auf einen kleinen Platz. Und dann steht Paula vor der wichtigsten Kirche der Welt, die außerdem eine der beiden ältesten Kirchen ist. Die Stufen hinauf in die obere Kirche sind für Paulas Beine fast zu hoch. Sie sind stark ausgetreten von den Füßen der Pilger aus 1600 Jahren. „Hier ist Golgota“, flüstert Onkel Georg Paula ins Ohr, „hier war der Hügel, wo Jesus gekreuzigt wurde.“ „Wo ist denn das Kreuz?“, fragt Paula leise zurück. Dann sieht sie Bilder von Jesus am Kreuz, von seiner Mutter Maria und seinem liebsten Freund Johannes an der Wand, alle mit Silber überzogen und von vielen Öllampen aus Silber beleuchtet. Unter dem Altar davor knien Georg, Tina und Paula nieder. Man kann mit der Hand den Felsen fühlen, in dem der Stamm des Kreuzes festgemacht war. Gemeinsam zünden sie dünne Kerzen an und stecken sie in einen Messingständer, gefüllt mit Sand. Still beten sie eine Weile. Gott sei Dank ist es heute Morgen noch ruhig hier. Dann sieht Paula an einem anderen Altar noch ein großes, buntes Bild aus vielen, vielen Steinen zusammengesetzt, ein Mosaik: Da wird Jesus gerade angenagelt, er liegt auf dem Kreuz am Boden. Von dort steigen sie die steile, hohe Treppe wieder herunter. Sie kommen an eine Steinplatte, die sehr schön duftet. „Das ist Rosenöl", erklärt Tante Tina „Man glaubt, dass hier der tote Leib Jesu hingelegt wurde, nachdem sie ihn vom Kreuz abgenommen hatten. Du erinnerst dich bestimmt: Sie salbten ihn mit kostbaren Öl, bevor sie ihn eilig zum Grab brachten, das ein reicher Mann zur Verfügung stellte, Joseph von Arimathäa hieß er. Er hatte es für sich selbst und seine Familie in den Felsen hauen lassen. Es war ganz in der Nähe. Deshalb finden wir es auch gleich um die Ecke, unter dem Dach der gleichen Kirche." Paula ist ganz gespannt. Sie war öfter schon auf dem Friedhof, an Opas Grab, aber in ein Grab gehen? „Du brauchst überhaupt keine Angst zu haben", beruhigt Tante Tina sie leise, „wir gehen mit dir ins Grab." Ein alter Mönch winkt sie gleich heran.

Das Grab sieht aus wie eine kleine Kapelle unter einer der beiden hohen Kuppeln der Kirche. Sie kommen in einen kleinen Vorraum, der von Kerzen und Öllampen erleuchtet ist. Dann müssen sich die Erwachsenen bücken, so niedrig ist der Eingang. Jeder der kommt, muss den Kopf vor Christus neigen. Paula kann aufrecht hineingehen. Sie sind für einen Augenblick ganz allein im Heiligen Grab. Es ist überhaupt nicht schrecklich, es ist hell und warm von den vielen Kerzen. Auch Blumen sieht Paula auf dem kleinen Altar über dem Grab, das mit Marmor verkleidet ist. Jeden Tag wird dort Messe gefeiert. Und ganz leise singt Tante Tina, was Paula jetzt auch schon sonntags in der Kirche mitsingen kann: „Deinen Tod, o Herr, verkünden wir und deine Auferstehung preisen wir, bis du kommst in Herrlichkeit." Da kommt der alte Mönch und legt den Finger auf seinen Mund. Hier darf man nicht singen. Es soll heilige Stille sein. „Sonst gäbe es auch ein ganz schönes Durcheinander hier", erklärt Onkel Georg ihr später, als sie das Grab verlassen haben. „Stell dir vor, all die Leute aus vielen hundert verschiedenen Ländern wollten hier

von der Auferstehung Christi singen in ihren unzähligen Sprachen. Da ist es schon besser, wir schweigen miteinander."
Aber Paula hat noch eine ganz wichtige Frage: „Ich kann mir das gar nicht vorstellen. War Jesus denn richtig tot und dann wieder richtig lebendig?" „Ach, Paula", antwortet ihr Patenonkel: „Wer kann sich das schon vorstellen? Dafür reicht unser Verstand nicht aus. Wir wissen sicher, dass er tot war wie alle Toten. Der Soldat hatte doch noch mit der Lanze seine Seite durchbohrt, um das festzustellen. Sonst hätten die Römer den Leichnam gar nicht zur Bestattung freigegeben! Was Gott dann geschehen ließ, können wir nur schwer in unsere Worte fassen. Denk mal, kein Mensch hätte vor 100 oder 200 Jahren dir das Fernsehen erklären können oder den Computer! Gott gab Jesus ein neues Leben, so neu, dass bis jetzt kein Mensch es schon beschreiben könnte. Die Evangelien berichten davon, dass er gleichzeitig an mehreren Orten gesehen wird, dass Türen und Mauern kein Hindernis mehr für ihn sind, dass er mit dem Gärtner verwechselt wird und dass sie ihn bis Emmaus für irgendeinen Wanderer hielten. Er ist da, aber nicht zu packen, mehr zu spüren als zu beweisen. Das Wort von der Auferstehung verstehen viele Leute so wie das Aufstehen morgens aus dem Bett. Aber bei Jesus ist es ja ganz anders: Er ist lebendig, aber nicht wiederbelebt, nicht in das alte Leben zurückgekehrt. Er ging uns voraus in das neue Leben, aber er ist nicht weit weg. Der Himmel ist da, wo Gott ist, also wo nicht?" Paula hat Onkel Georg aufmerksam zugehört. Sie muss eine Weile über das nachdenken, was er gesagt hat. Dann fragt sie: „Ist da der Opa auch?" „Ja", sagt Onkel Georg, „er gehörte seit seiner Taufe zu Jesus, der lässt ihn niemals im Stich!"
Paula hofft das auch sehr und glaubt es, auch wenn sie es sich nicht richtig vorstellen kann, aber das kann sie ja auch sonst manchmal nicht.
„Gott kann das, was wir nicht mal denken können!", sagt Tina schließlich.

Mit zwei gewaltigen Kuppeln ragt die Grabeskirche über die Dächer der Altstadt Jerusalems in den Himmel. Unter der einen Kuppel ist das Grab Jesu und unter der anderen Kuppel feiern die Christen der orthodoxen Kirche ihre Gottesdienste. Viele Teile der Kirche wurden von den Kreuzfahrern gebaut. Es gibt keinen Jerusalempilger, der nicht in der Grabeskirche betet.

Vor dem Eingang zum Heiligen Grab wacht ein Mönch darüber, dass es kein unziemliches Gedränge gibt und die Beterinnen und Beter sich nicht zu lange in der engen Kapelle aufhalten. Nur drei Menschen finden darin Platz.

Unter der großen Kuppel der Grabeskirche steht ein ganz eigenartiges Häuschen. Es ist eine kleine Kapelle und in ihrem Inneren ist ein kleiner Altar über der Stelle errichtet, von der Christen glauben, dass hier das Grab Jesu war.

Am Ölberg

Mittags gibt es für Paula eine Überraschung. „Wir gehen gleich in die Neustadt hinüber", schlägt Tante Tina vor. „Wenn wir den Leihwagen zurückgegeben haben, müssen wir zur Bank, dann darf Paula auch einmal einen Burger und Pommes frites essen, wenn sie mag." „Au ja", freut sich Paula. Was diese uralte Stadt alles zu bieten hat! Vor dem Schnellrestaurant müssen sie eine kurze Sicherheitskontrolle über sich ergehen lassen. „Ja", sagt Onkel Georg, „ich könnte ja eine Bombe unter dem Hemd tragen. Die Israelis müssen leider immer in Angst vor Terrorakten von Palästinensern leben." Als Paula gerade das Essen genießt, kommen zwei Soldatinnen herein. Sie haben beide eine Maschinenpistole um die Schulter hängen. Sie wollen nicht schießen, nur ein Eis schlecken. Paula muss sich an diesen Anblick erst gewöhnen. Das ist hier wohl normal. „So", sagt Onkel Georg „nach einer Mittagspause gehen wir zum Ölberg. Von dort hat man den schönsten Blick über die Stadt und da drüben kann man sich noch am besten vorstellen, wie es zur Zeit Jesu hier aussah." Paula verzieht das Gesicht. Schon wieder laufen! Sie hat keine Lust. Als sie dann aber am Nachmittag durch das Stephanstor gehen, findet sie alles wieder ganz spannend. „Siehst du, warum es auch Löwentor heißt?" Paula sieht kleine Löwen in die Mauer des Tores eingemeißelt. Der Löwe ist in Jerusalem überall zu sehn, Zeichen der Kraft und der Herrschaft, sogar auf den Kanaldeckeln sieht Paula den König der Tiere. Dann haben sie den Ölberg vor Augen, ein lang gezogener Bergrücken auf der anderen Seite des Tales. Es heißt Kidrontal – nach dem Bach, der bei

Zwischen den Steinplatten vieler jüdischer Gräber am Ölberg ragen die fünf goldenen Kuppeln einer russisch-orthodoxen Kirche in den Himmel. Erst vor ein paar Jahren wurden sie mit richtigem Blattgold verschönert.

Der Ölberg war viele Jahre, bis heute, der Friedhof und Begräbnisort der Leute aus Jerusalem. Manche bauten sich prunkvolle Gräber. Eines davon zeigt unser Bild. Es ist das Grab, das einem Zacharias gehörte. Als Jesus und die Apostel damals zum Ölberg gingen und seine Olivengärten aufsuchten, haben sie dieses Grabdenkmal gesehen.

Die Altstadt von Jerusalem hat viele Tore in ihrer Stadtmauer: Das Jaffator, das Herodestor, das Neue Tor, das Dungtor, das Stephanstor. Das schönste Tor ist das Damaskustor. Zinnen wie bei einer Burg bekränzen den Eingang zur Stadt. An Festtagen ist das Damaskustor mit hunderten kleiner Glühbirnen beleuchtet.

Regen hier fließt. Man muss die steile Straße herunter und drüben wieder hoch. „Jerusalem geht in die Beine“, meint Tina, „es ist eben eine Bergstadt!“ Am Fuß des Ölbergs besuchen sie zuerst tief unten eine alte Kirche, in der die Gottesmutter Maria begraben worden sein soll, bevor Jesus sie zu sich in die Herrlichkeit Gottes aufnahm.
„Warum heißt der Ölberg so?“, will Paula wissen, als sie weitergehen. „Schau mal da vorne“, zeigt Onkel Georg auf die knorrigen Bäume mit silbergrünen Blättchen. Der ganze Hang ist voll davon. „Es sind Olivenbäume. Die Früchte sind zum Teil noch grün, andere werden schwarz. Aus ihnen wird das gute Olivenöl gepresst.“ „Ach so, das hat Mama auch in der Küche“, sagt Paula und wird traurig, weil ihre Mutter so weit weg ist – und das jetzt schon über eine Woche! Ihre Stimmung passt zu dem Ort, den sie jetzt besuchen.
„Getsemani, das heißt Ölkelter, Ölpresse“, erklärt ihr der Onkel. „Hier in diesem Garten – oder ganz in der Nähe hier – überfiel Jesus an seinem letzten Abend Angst und Trauer. Er wusste, was kommen würde. Hier betete er zu seinem Vater: *Wenn es möglich ist, lass diesen Kelch an mir vorübergehen.* Damit meinte er den gewaltsamen Tod, der ihm bevorstand, einen Becher voll bitterer Leiden, den er austrinken sollte. Die Ölbäume hier im Garten könnten tatsächlich schon 2000 Jahre alt sein – wie Fachleute sagen.“ Sie sind so dick, dass mehrere Kinder nötig wären, um Hand in Hand einen zu umspannen.
Dann treten sie in die „Kirche der Nationen“, erst im vorigen Jahrhundert gebaut. Es ist hier immer so dunkel, dass man meint, es sei Nacht. So kann man gut an die Nacht denken, in der Jesus hier verhaftet wurde, vielleicht neben der Felsplatte da vorne.
Oben am Ölberg besuchen sie einen anderen noch viel größeren Garten und eine kleine Kirche, die den Namen „Dominus flevit“ trägt. Das ist Latein und heißt auf Deutsch: „Der Herr hat geweint“.
Auf einmal kräht ein Hahn, den die Brüder des Franziskanerordens dort oben füttern. „Wie bei Petrus, als er so schrecklich gelogen hatte. Du weißt ja, was er sagte?“ „Ja“, antwortet Paula ihrem Onkel, „er hat behauptet, er würde Jesus gar nicht kennen! Er hatte bestimmt Angst, sie würden ihn auch verhaften!“ „Klar“, sagt Onkel Georg, „so wird es gewesen sein. Ich kann ihn verstehen. Du sicher auch, Petrus hat nicht aus Spaß gelogen! Er war in Panik, in Todesangst, als er sah, was sie mit Jesus machten. Das war übrigens sehr wahrscheinlich da drüben, auf dem Berg gegenüber. Die Kirche heißt deshalb St. Peter beim Hahnenschrei.“ Dann erleben die drei einen herrlichen Sonnenuntergang über Jerusalem. Sie haben über vieles nachzudenken.

In Emmaus

Wenn ihr Lust habt, fahren wir morgen nach Emmaus!“ Tina strahlt: „Und ob ich Lust habe! Aber wie kommen wir dahin, wir haben doch kein Auto mehr?“ „Helmut nimmt uns mit, ein befreundeter Priester aus Deutschland. Er muss morgen hin.“ „Emmaus - komisches Wort“, sagt Paula, aber natürlich will sie dabei sein. Christen finden Emmaus dort, wo heute das arabische Dorf Kubebe liegt, etwa zwölf Kilometer nordwestlich von Jerusalem. Es könnte tatsächlich das Dorf sein, von dem Lukas erzählt: *„Am gleichen Tag - gemeint ist der Ostersonntag - waren zwei von den Jüngern auf dem Weg in ein Dorf namens Emmaus, das sechzig Stadien von Jerusalem entfernt ist.“* 60 Stadien sind etwa elf bis zwölf Kilometer. Normalerweise ist die Strecke mit dem Auto schnell zu schaffen. Helmut klärt seine drei Fahrgäste auf: „Jetzt sind wir im besetzten Gebiet, in der Westbank. Die Israelis wollen die Palästinenser nicht mehr so einfach ins Kernland hinein lassen, überall wird an einer Mauer gearbeitet. Viele Israelis sind gegen die Mauer, sie leben mit den Palästinensern in guter Nachbarschaft. Andere aber wollen die Mauer, sie wollen die ewige Angst loswerden, dass wieder jemand im Bus oder auf der Straße in Israel eine Bombe zündet, um möglichst viele Menschen mit sich in den Tod zu reißen." Paula hört gespannt zu, was Helmut da erzählt. „Ist es für uns hier auch gefährlich?", fragt sie etwas bang und denkt an die Oma, die solche Panik vor ihrer Abreise hatte. „Nein, uns will hier niemand was", beruhigt sie Helmut. „Sie wissen, dass wir Geld und Hilfe ins Land bringen, zum Beispiel hier an unser Reiseziel heute. Unser Deutscher Verein vom Heiligen Land hat hier nämlich ein Altenheim. Ihr werdet es gleich erleben, ein schönes altes Landhaus in einem riesigen Garten voller Ölbäume, voll Wein und Obst. 30 pflegebedürftige Frauen, die nicht in ihren Familien versorgt werden können, verbringen hier ihren Lebensabend!"

Schon sind sie am Tor und fahren mit knirschenden Reifen den Schotterweg hinauf zum Haus. Die Schwestern und ihre Helferinnen sind meist aus Deutschland und Österreich und freuen sich sehr über Besucher, mit denen sie Deutsch reden können, während sie mit den Hausbewohnern und den Dorfbewohnern arabisch sprechen. Es gibt zur Begrüßung herrlichen Saft von den Weintrauben des Gartens und köstliches Gebäck – meint Onkel Georg jedenfalls. Paula ist es zu süß und zu ölig. Dann werden sie durch das Haus geführt, sehen die neuen Bäder und die zufriedenen Gesichter.

Im Garten beobachten sie eine Großfamilie aus dem Dorf bei der Olivenernte. „Wir haben die ärmste Familie als Erntehelfer angestellt. Wir verteilen kein Geld, sie sollen etwas dafür tun. In ihrer Familie ist es Sitte, dass Frauen und Männer nicht am gleichen Olivenbaum ernten dürfen. Wenigstens zur Frühstückspause aber bringen wir sie schon an einen Tisch", erklärt Schwester Hildegard. Paula nimmt als Andenken Pinienzapfen mit. „Für unsere Weihnachtskrippe", sagt sie. Alle genießen die gute Luft hier in den Bergen, sie duftet vom Harz der Pinienbäume.

Dann, vor dem Mittagessen, feiern sie mit Helmut und einigen Schwestern in der Hauskapelle Heilige Messe. Ein schöner Raum, wo alle um den Altartisch sitzen können. Paula sagt plötzlich: „Ich freue mich auf die Kommunion!" Beim Evangelium singt sie mit, was die zwei Jünger zu Jesus sagten, noch bevor sie ihn in dem Mitwanderer erkannt hatten: „Herr, bleibe bei uns, denn es will Abend werden und der Tag hat sich geneiget." Paula kennt das Lied gut, sie singt es oft zu Hause, bei ihrem Abendgebet mit Papa oder Mama. Zum Abschied winken die vier den Schwestern, bis das Auto auf die Straße abbiegt. Dann besuchen sie die schöne Kirche des Ortes, zu der leider kaum noch Christen kommen. Es sind einfach keine mehr da. Nur drei Franziskanerbrüder hüten Gotteshaus und Kloster. „Im Evangelium heute waren es auch nur drei", sagt Onkel Georg und zeigt auf die Darstellung über dem Altar, wo Jesus vor den beiden Brot bricht. „Da gingen ihnen die Augen auf. Hoffentlich versteht das auch unser Kommunionkind“, fügt er hinzu und legt Paula liebevoll eine Hand auf die Schulter. Paula schaut ihn an, ohne etwas zu sagen. Sie ist froh, dass er jetzt keine Antwort erwartet. Es gibt eben Sachen, die kann man kaum in Worte fassen und doch fühlen.

Mitten durch die Wohngebiete der Jerusalemer Vorstadt Abu Dis ist durch die Regierung von Israel eine hohe Mauer errichtet worden, um Israelis und Palästinenser voneinander zu trennen und Terroranschläge zu verhindern.

In Emmaus-Kubebe haben Franziskanermönche eine Kirche gebaut, um an die wunderbare Begebenheit vom Ostertag zu erinnern. Damals ging der vom Tod auferstandene Jesus mit Kleophas und seinem Freund von Jerusalem nach Emmaus und erklärte ihnen unterwegs die Heilige Schrift.

Am Eingang der Kirche lesen wir den Satz aus dem Lukasevangelium, den die beiden Freunde zu Jesus als Einladung aussprachen: „Domine, mane nobiscum – Herr, bleibe bei uns". Die beiden Jünger haben das bestimmt in Aramäisch zu Jesus gesagt. Das war deren Heimat- und Muttersprache.

Der Tempelplatz

Kaum sind unsere Reisenden zurück in Jerusalem, ist Paula verschwunden. „Sie wird schon nicht allein auf die Straße laufen“, beruhigt Georg seine Frau. „Den ganzen Tag nur mit Erwachsenen zusammen - jetzt muss sie auch einmal ihre eigenen Wege gehen!“ Zwanzig Minuten später stürmt Paula mit hochrotem Kopf ins Zimmer, das Springseil über der Schulter: „Ich habe es 62 Mal geschafft!“ „Toll“, sagt Tina, „jetzt ruh dich aus.“ „Nein“, sagt sie, „jetzt muss ich mich noch um Lisa kümmern, schließlich war die den ganzen Tag hier allein. Wenn ihr mich sucht, ich bin mit ihr oben auf dem Dach!“

Als die Sonne untergegangen ist und es - wie immer- schnell dunkel wird, sagt Onkel Georg: „Ich werde jetzt mal hinaufgehen und nach ihr sehen!“ Er findet sein Patenkind auf der wackeligen Holzbank. Sie hat ihre Lieblingspuppe auf dem Schoß und erklärt ihr gerade: „Siehst du, Lisa, dieses runde goldene Dach da drüben, da ist der Felsendom. Er gehört den Moslems. Schade, dass wir da jetzt nicht hin können!“ Leise setzt sich Onkel Georg daneben und fügt hinzu: „Ja, das ist wirklich schade, aber im Fastenmonat lassen sie, damit ihre Gebete nicht gestört werden, keine Andersgläubigen hin. An den Toren stehen Soldaten und passen auf, dass nichts passiert. Zur Zeit Jesu war an der gleichen Stelle der Tempelplatz und der riesige Felsen unter der goldenen Kuppel war vielleicht der Altar für die Brandopfer, die jüdische Priester dort gut 1000 Jahre lang dargebracht haben. Manche meinen sogar, es könnte die Stelle sein, wo Abraham den Isaak opfern sollte. Diese Geschichte ist ja auch den Moslems sehr wichtig! Heute muss man am Eingang die Schuhe ausziehen, bevor man hineingeht. Das ist so wie in jeder Moschee." „Und wenn man die nachher nicht wiederfindet?" „Das habe ich noch nie gehört", antwortet Onkel Georg, „es stehen schwere Strafen auf Diebstahl von Schuhen an der Moschee. Ich habe, wenn ich da drüben war, meine immer noch wohlbehalten unter Hunderten wiedergefunden! Es ist übrigens sehr schön, nur auf Strümpfen oder barfuß über die dicken Teppiche zu gehen, die innen überall liegen, dicht aneinander. Bevor sie zum Beten hineingehen, waschen sich die Gläubigen draußen an Brunnen oder Becken Gesicht und Arme. So etwas Ähnliches haben wir ja auch am Eingang unserer Kirchen!" „Ach ja, die Weihwasserbecken", sagt Paula „nur sind die ziemlich klein, da kann man nur die Fingerspitzen nass machen." Paula malt sich eine Weile im Stillen aus, wo in ihrer Kirche zu Hause ein größeres Waschbecken Platz hätte. Dann will sie wissen: „Wie beten Moslems eigentlich – haben die auch Bänke zum Knien wie wir?" „Nein", erklärt ihr der Onkel. „Sie knien sich zuerst auf die Teppiche, dann legen sie die Hände hinter beide Ohren, um Gott besser zu hören, schließlich berühren sie den Boden mit der Stirne – sie ergeben sich. Weißt du, ihre Religion heißt ja Islam. Das bedeutet Hingabe, Hingabe an Gott. Ein Moslem ist also ein Mensch, der sich Gott hingibt. – Du merkst, Paula, auch wenn wir uns an Jesus halten und Christen sind, wir haben manches gemeinsam und können auch etwas von den anderen Religionen lernen. Ob Juden, Christen oder Moslems, alle, denen diese Stadt heilig ist, suchen hier den Einen. Weißt du, was der Gebetsrufer singt, den du gerade wieder von den Lautsprechern hörtest? – Allahu akbar, das kommt immer wieder vor. Es heißt: Gott ist größer! Immer noch viel größer, als wir es uns vorstellen können." Dann wird es still auf dem Dach. Der Mond lässt ein silbriges Licht auf Jerusalem fließen, auf alle Kirchtürme, Kuppeln und Dächer und die blauen Wände des Felsendoms. Onkel Georg legte Paula einen Arm um die Schulter, es wird jetzt deutlich kühler. Onkel Georg sagt ganz leise, fast nur zu sich selbst: „Allahu akbar."

Vom Ölberg aus haben wir den schönsten Blick auf das alte Jerusalem. Wir können die Stadtmauer erkennen und die goldene Kuppel des Felsendoms. Wo jetzt der Felsendom steht, bewunderten zur Zeit Jesu die Leute den berühmten Tempel der Juden. Der König Herodes hatte ihn bauen lassen.

In der Altstadt von Jerusalem gibt es keine großen Geschäfte mit großen Schaufenstern. Die Läden sind offen und viele Verkaufsstände stehen mitten auf den engen Gassen.

Der Felsendom auf dem früheren Tempelplatz gehört zu den wichtigsten Heiligtümern des Islam. Unter der Kuppel liegt der Fels, auf dem der Patriarch Abraham und sein Sohn Isaak der Überlieferung nach eine Gottesbegegnung hatten. König David, König Salomon und König Herodes haben alles daran gesetzt, an dieser Stelle einen Tempel zur Ehre Gottes zu errichten. Seitdem der letzte im Jahr 70 nach Christus von den Römern zerstört wurde, gibt es keinen Tempel mehr.

„Lasst uns nach Betlehem gehen!“

Der Bus ist alt und klapprig, aber er kostet nur ein paar Schekel. Allerdings fährt er nicht die elf Kilometer bis ans Ziel. An der Stadtgrenze von Jerusalem müssen sie aussteigen. Kein Bus darf zur Zeit über die Grenze. „Also“, sagte Onkel Georg, „lasst uns nach Betlehem gehen. Das taten die Hirten in der Heiligen Nacht schließlich auch!“ Als Paula die vielen Soldaten mit ihren Maschinenpistolen sieht, fasst sie Onkel Georg und Tante Tina fester an der Hand. Aber niemand tut ihnen etwas, niemand fragt auch nur nach dem Ausweis. Sie können einfach so über die Grenze gehen. Ein unentwegt redender Taxifahrer bringt sie zum Hirtenfeld nach Beit Sahour, einem Vorort von Betlehem. Sie sind heute früh die einzigen Besucher. Ein Arbeiter schließt ihnen eine der Höhlen auf. Paula staunt. Die Höhle ist innen wie eine kleine Kirche eingerichtet, bestimmt 100 Leute passen da hinein. Im Hintergrund sieht man Schafe aus Holz; denn hier war früher ein Schafstall. In einem Holzstoß zuckt eine rote Lampe, so kann man denken, dies sei ein Hirtenfeuer. Onkel Georg liest aus dem Weihnachtsevangelium vor, wie der Engel den Hirten die große Freude verkündet. Dann singen alle drei: „Gloria in excelsis Deo“ wie zu Weihnachten beim Krippenspiel. Es klingt schön in der großen Höhle. Als sie sich in Richtung Betlehem auf den Weg machen, kommt ein schönes arabisches Mädchen aus einem Haus am Hirtenfeld. „Vielleicht eine Studentin", meint Onkel Georg, „die kann bestimmt Englisch", und er fragt sie nach der griechisch-katholischen Schule hier. „Ah yes, no problem", antwortet das Mädchen und führt sie hin, wie ein Engel oft in der Bibel als Mensch erscheint, um Menschen zu führen. Die Deutschlehrerin der Schule führt sie durch das große Gebäude zum Lehrerzimmer, wo es Tee gibt, und zum Pfarrer, der auch in der Schule sein Büro hat. Auf dem Schulhof ist gerade Pause und Paula wird sofort umringt von den Jungen und Mädchen, die so alt sind wie sie und vielleicht noch nie ein blondes Mädchen aus der Nähe gesehen haben. Alle auf dem Schulhof haben schwarze Haare und frohe Gesichter und alle sind hellblau - oder dunkelblau angezogen, nur die Jüngsten rot-weiß. Paula will es erst gar nicht glauben: In dieser Schule kann man bleiben vom Kindergarten bis zum Abitur. So ist das oft hierzulande. Dann schellt es zum Unterricht.

Ihr Engel, Sawsan heißt sie, bringt sie zu einem Bus, der bei uns bestimmt ins Museum käme oder auf den Schrottplatz. Kein einziges Polster ist noch ganz, alles aufgerissen und angerostet, aber der Bus fährt sie nach Betlehem. Der Engel besteht darauf, für sie zu bezahlen. „Das ist eben orientalische Gastfreundschaft", sagt Georg. Dann stehen die vier vor einer der beiden ältesten Kirchen der Welt, erbaut schon im 4. Jahrhundert, vor bald 1700 Jahren. Alle müssen sich bücken beim Hineingehen, außer Paula. Die Tür war einmal groß, man kann sehen, wie sie später zugemauert worden ist, weil es Leute gab, die mit ihren Pferden hineinreiten wollten. „Ja, hier müssen alle von ihrem hohen Ross herunter", sagt Onkel Georg zu Tina. „Wer der Menschwerdung Gottes näher kommen will, der muss sich bücken - wenn er nicht ein Kind ist!"

Ein riesiger Kirchenraum empfängt sie innen, mit vielen großen Säulen, braun wie Baumstämme. Vorne sieht Paula eine Wand voll wunderschön gemalter Bilder von Jesus, Maria und vielen Heiligen. Die Bilder nennt man Ikonen und die ganze Wand deshalb Ikonostase. Davor hängen silberne Lampen und bunte Kugeln wie an vielen Christbäumen bei uns. „Hier in Betlehem ist eigentlich immer Weihnachten!", sagt Tante Tina. Dann steigen sie eine steile Treppe hinunter. „Leise", flüstert Tina, „jetzt geht's in die Geburtsgrotte." Sie sind dort fast allein. Nur ein Küster poliert einen Kerzenleuchter. Paula darf sich neben den silbernen Stern setzen, der im Licht der vielen Öllampen schimmert und Onkel Georg übersetzt ihr, was auf dem

Was wie eine Festung aussieht, ist die Geburtskirche Christi in Betlehem. Man muss genau hinschauen: die einzige Tür ins Innere ist eine winzige Öffnung, kleiner als eine Zimmertür. Die Kirche ist älter als eineinhalbtausend Jahre.

Man muss ein paar Stufen tiefer hinabsteigen in der Kirche und steht dann in einer Art Höhle. Höhlen waren in der Zeit, als Jesus geboren wurde, oft die preiswertesten Wohnungen der einfachen Leute. Schon ganz früh glaubte man, dass die Geburt Jesu in einer Höhle geschehen sei, die zugleich den Bewohnern als Viehstall diente. Genau an der Stelle, wo die Krippe gestanden haben soll, ist ein vierzehnzackiger Silberstern in den Boden eingelassen.

Wer die Augen offen hält, kann auch heute noch am Stadtrand von Betlehem Hirten und ihren kleinen Herden begegnen. Die Geschichtskundigen sagen, dass zur Zeit Jesu in Betlehem viele Hirten und Herden waren. Man brauchte die Tiere für den Jerusalemer Tempeldienst.

Betlehem, der Geburtsort Jesu, heißt übersetzt: Brothausen. Tatsächlich gibt es dort ganz viele kleine Bäckereien. Bergeweise sind Brote und Brotkringel mit Sesam bestreut auf den Verkaufstischen aufgetürmt.

Stern in lateinischer Schrift zu lesen ist: „Hier wurde von der Jungfrau Maria Jesus Christus geboren.“ Dann können sie erst mal gar nichts sagen. Sie sitzen einfach da im Dämmerlicht und genießen die Stille. Später gehen sie noch in die große Katharinen-Kirche gleich nebenan. Von dort kann man in andere Höhlen steigen. Aus einer schallt „Stille Nacht, heilige Nacht“. Eine deutsche Gruppe beendet gerade die Messe und Paula, Tina und Georg setzen sich gerne auf die Stufen und singen die drei Strophen mit.
Beim arabischen Mittagessen in einem Restaurant am so genannten Krippenplatz erklärt Onkel Georg, dass „Betlehem“ Hebräisch ist und auf Deutsch „Haus des Brotes“ heißt. „Das passt doch gut“, sagt Paula, „Jesus wurde ja auch unser Brot!“ Tante Tina schaut ihren Mann von der Seite an, beide freuen sich, dass Paula schon so viel versteht. „Übrigens“, fügt Georg hinzu „ist Betlehem auch Arabisch. Da bedeutet es „Haus des Fleisches“. So sagen wir doch im Glaubensbekenntnis: „Das Wort ist Fleisch geworden.“
Dann bummeln sie durch Betlehem und freuen sich, dass trotz der schwierigen politischen Lage so viel Leben in der Stadt ist. Viele Schüler und Studenten sind unterwegs und fast alle Geschäfte geöffnet. Sie stehen plötzlich auch vor dem berühmten Baby-Hospital. Man erkennt es an dem Zeichen von zwei Wickelkindern auf der Hauswand und dem roten Flammenkreuz der Caritas. Hier können die Armen ihre kranken Kinder hinbringen. Auch wenn sie nicht versichert sind und nicht bezahlen können, wird den Kindern geholfen. Das geht, weil viele Menschen in der Schweiz und in Deutschland ihre Spenden nach Betlehem schicken. „Wer so was tut, hat verstanden, was Weihnachten ist!“, meint Tante Tina.

Zu Besuch bei der Großmutter

Heute besuchen wir die Großmutter", verkündet Onkel Georg am nächsten Morgen. Paula fällt vor Lachen beinahe das Frühstücksei aus der Hand: „Meine Oma wohnt aber ein bisschen weit weg von hier!" „Ich meine ja nicht deine", klärt Onkel Georg sie auf, „ich meine die von Jesus. Nach der Überlieferung der Christen hieß sie Hanna. Wir sagen Anna und ihr ist hier eine Kirche geweiht, eine der schönsten im ganzen Land!" „Ich will aber nicht schon wieder so weit laufen", mault Paula und wischt sich das Eigelb von den Fingern. „Keine Sorge, meine Dame", tröstet Georg sie, „es sind wirklich nur fünf Minuten von hier, auf dem Weg zum Ölberg sind wir da schon vorbeigekommen!"

Auf dem Hof vor der Kirche begrüßt sie ein Priester mit einem langen weißen Gewand. „Das ist ein Weißer Vater", erklärt Onkel Georg, „er gehört zu den Afrikamissionaren. Sie ziehen sich so ähnlich an wie die Männer in Nordafrika." Auf Englisch fragt der Pater Paula nach Namen und Alter. Zu blöd, denkt sie, dass ich erst so wenig Englisch kann. Die Kirche ist innen fast kahl, aber die mächtigen Mauern geben dem Besucher das Gefühl, in Sicherheit zu sein - wie in einer Burg Gottes. Onkel Georg stimmt das Halleluja an und Paula ist sehr überrascht, wie der Ton hier schallt und lange nachklingt. Die Kreuzfahrer haben diese Kirche gebaut vor ungefähr 800 Jahren, zwischendurch war sie auch

eine Moschee, aber die Moslems haben sie den Christen zurückgegeben. An der Seite sieht Paula eine große Figur der Mutter Anna mit ihrer Tochter. „Maria ist auf diesem Bild ungefähr in deinem Alter“, sagt Tante Tina zu ihr. Das gefällt Paula natürlich: „Und sie hat meine Lieblingsfrisur“, stellt sie fest: „Geflochtene Zöpfe, zusammengebunden wie zu einem Kranz.“ Paula bedauert immer, dass ihre Haare nicht so lang und kräftig sind, leider. Vor dem Bild zündet Paula eine Kerze für ihre eigene Großmutter an, die vor der Abreise solche Angst um ihr Enkelkind hatte und sicher auch jetzt noch nicht die Sorgen loswird. Dann singen sie dreistimmig: „Lobet und preiset ihr Völker den Herrn.“ Das klingt herrlich in der Sankt-Anna-Kirche. „Weißt du eigentlich, wie Mutter Anna ihre Tochter rief?“, fragt Onkel Georg, als sie die Treppe zur Unterkirche hinabsteigen. „Na, klar, Maria natürlich!“ „Nein“, entgegnet Onkel Georg, „das denken viele, aber es stimmt nicht. Maria ist die lateinische und deutsche Form des Namens, Maria hieß in Wirklichkeit Miriam.“ „Das ist ein sehr schöner Name“, findet Paula, „ich kenne auch einige Mädchen bei uns, die so heißen. Vielleicht nenne ich meine erste Tochter so.“ Da müssen Onkel Georg und Tante Tina lachen.
In der Unterkirche kann man wieder die Wände einer Felsenwohnung erkennen und sich durchaus vorstellen, dass hier einmal Menschen gewohnt haben. Manche meinen nämlich, dass Miriam zwar später in Nazaret wohnte, hier aber geboren und aufgewachsen ist. Ihr Vater, den wir nach alter Tradition Joachim nennen, soll hier für den Opferdienst Schafe gezüchtet haben und Miriam selbst soll eine Tempeljungfrau gewesen sein, wir würden vielleicht sagen: Ministrantin oder Messdienerin. „Das ist eine hübsche Legende“, findet Tina. „Sie bringt die Muttergottes von Geburt an mit der Wohnung Gottes in Verbindung.“ Ganz entzückt ist sie von einem liebevoll geschmückten Bild: Da erkennt man nicht nur die Geburt Marias, sondern auch eine Badewanne, in der zwei Hebammen das neugeborene Mädchen waschen. Wasser gab es hier reichlich. Gleich vor der Kirche sieht man die Ausgrabungen des ehemaligen Schafteichs. Sie klettern wieder viele Stufen hinunter und Onkel Georg liest vor, wie Jesus hier einen Mann heilte, der schon 38 Jahre lang krank war. Paula lässt einen kleinen Stein in das Wasser tief unten plumpsen, das klingt eigenartig in dem alten Gewölbe. Müde sitzen sie dann unter einer Palme vor der Anna-Kirche. Paula flicht aus zwei heruntergefallenen Zweigen ein Kreuz. Das sieht aus wie Palmsonntag und Karfreitag in einem!

Jerusalem ist auf einigen Hügeln gebaut. Das erkennt man auch auf diesem Foto. Es sieht so aus, als seien die Häuser übereinander gebaut. Das täuscht, die engen Gassen führen bergauf und bergab.

Die Kirche St. Anna ist eine alte Kreuzfahrerkirche. Der Brunnen vor dem Portal gibt schon lange keine Wasser mehr. Jetzt ist er ein hübscher Blumenkübel geworden.

Auf der Via Dolorosa

Mit dem Palmkreuz gehen sie wieder hinaus auf die schmale Straße. „Die hat aber einen komischen Namen“, wundert sich Paula, als sie das Straßenschild gelesen hat. „Via Do-lo-ro-sa.“ „Das ist Latein“, sagt Onkel Georg, „es bedeutet: Schmerzvolle Straße. Hier gehen oft Pilger aus aller Welt mit einem großen Holzkreuz auf den Schultern den Kreuzweg nach. Sie denken daran, wie Jesus durch die Straßen dieser Stadt sein Kreuz tragen musste. Freitags, um drei Uhr nachmittags, kommen besonders viele zu der Prozession, weil um die Zeit Jesus gestorben ist.“ Paula sieht gemauerte Bögen über der Straße, einer ist besonders groß und hat sogar Fenster. „Das ist der Ecce-homo-Bogen“, erklärt ihr Georg. „Hier soll Pilatus gesagt haben: „Ecce homo – seht, was für ein Mensch“, als er den blutenden Jesus freigeben wollte. An den Anfang seines Leidensweges erinnert eine kleine Kirche im Hof an der Straße. Im Kreuzweg ist sie die I. Station: Jesus wird zum Tod verurteilt!“ „Genau wie bei uns zu Hause in der Kirche“, erinnert sich Paula. „Da sieht man auch auf einem Bild, wie Jesus gefesselt vor dem Pilatus steht.“ Oben in der Kuppel der kleinen Kirche sehen sie eine riesige Dornenkrone gemalt und im Fenster, wie Jesus gegeißelt wird! „Was heißt gegeißelt?“, will Paula wissen. „Man bindet ein Bündel Stricke zusammen und schlägt den Verurteilten damit kräftig auf die bloße Haut.“ Dann singt Onkel Georg: „O Haupt voll Blut und Wunden, voll Schmerz, bedeckt mit Hohn.“ Paula kennt das Lied noch nicht. Sie hört zu. Als sie wieder auf der „Schmerzvollen Straße“ sind, sagt Tante Tina: „Was wir da vom Leiden Jesu hören, ist gar nicht so weit weg! Wie damals ist auch jetzt alles voll von Soldaten und Polizisten und Menschen, die leiden müssen unter den Machthabern!“ Da kommen Frauen mit behinderten Kindern im Rollstuhl, sie gehen auf den Tempelplatz. Ein Mann mit nur einem Bein bettelt auf Krücken die Vorübergehenden an. Dann schallt über alle Dächer der Gesang des Gebetsrufers, der die gläubigen Moslems zum Mittagsgebet zusammenruft. Heute ist Freitag, da kommen besonders viele. Die Predigt schallt aus den Lautsprechern über die ganze Altstadt von Jerusalem. „Vorigen Freitag sollen hier 60.000 Menschen zum Gebet zusammen gekommen sein. Stellt euch vor, da hebt jemand einen ersten Stein auf. Nicht auszudenken, wie die Wut der Palästinenser auf die Soldaten Israels sich plötzlich steigern könnte!“, meint Georg sorgenvoll. „Dann ist das ja wirklich so ähnlich wie damals“, fügt Tina nachdenklich hinzu. „Damals hatten die Römer das Land der Juden besetzt, heute haben die Juden das Land der Palästinenser besetzt! Ich habe einmal gelesen: Dass Pilatus mit dem Todesurteil über Jesus so schnell fertig war, das hatte nur einen Grund: Er hatte Angst, dass es einen Aufstand gäbe, wenn er Jesus freiließe. Es waren ja auch damals besonders viele Menschen in der Stadt wegen des Osterfestes. Jetzt bringt der Ramadan, der Fastenmonat der Moslems, so viele Leute zusammen! Jesus wurde von Pilatus geopfert, damit er keinen Ärger bekäme. Ruhe und Ordnung zu erhalten, war eine der Hauptaufgaben eines Prokurators.“ Georg, der viele Bücher über Jesus gelesen hat, fügt hinzu: „Pilatus hatte schon so viele Menschen töten lassen, da kam es auf den einen auch nicht mehr an, auch wenn er ihm vielleicht sympathisch war.“ „Pilatus wusste ja nicht, wer Jesus wirklich war“, meldet sich jetzt Paula zu Wort, „sonst hätte er vielleicht ...“ Sie wusste nicht, wie sie den Satz beenden sollte. Sie schieben sich weiter durch die Menge auf der „Schmerzvollen Straße“. Da kommt ihnen ein Junge entgegen, der auf dem Kopf ein riesiges Brett balanciert. Oben auf dem Brett liegt ein hoher Stapel frisches Fladenbrot. „So ein Brot nahm Jesus an dem Abend vor seinem Tod“, sagt Onkel Georg zu Paula, als das Gedränge etwas nachlässt, „er nahm das Brot, riss es auseinander und gab jedem am Tisch ein Stück davon. Du weißt ja, was er dazu sagte?“ „Ja klar“, antwortet Paula: „Das ist mein Leib." „Ja, so ist es wörtlich richtig", erklärt Onkel Georg ihr im Weitergehen, „aber noch richtiger übersetzen wir das, was Jesus beim Brotbrechen sagte, ganz einfach so: „Das - ich". In seiner Sprache heißt „mein Leib" so viel wie „ich" und das Wörtchen „bin" gibt es gar nicht." Paula weiß nicht genau, ob sie das verstanden hat, es hört sich schwierig an, aber sie fühlt, dass es für ein Kommunionkind sehr wichtig ist, gerade das gut zu verstehen.

Beim Abendessen reißt Paula plötzlich ein Stück von dem kleinen Fladenbrot ab, das neben ihrem Teller liegt. „Das - ich" sagt sie und Onkel Georg freut sich, dass Paula verstehen will, warum Jesus mit seinen Freunden das Brot teilt - bis heute.

Die Straßen in der Altstadt von Jerusalem sind ganz eng. Die Häuser sind aus weißem Kalkstein gebaut. Oft stützen Bogen die Hauswände gegeneinander ab.

Meistens machen sich die Bäuerinnen und Beduinenfrauen aus dem Umkreis Jerusalems noch vor Sonnenaufgang auf den Weg, um in den Gassen und im Basar frisches Obst und Gemüse den Leuten anzubieten. Der Verkaufstag ist lang. Oft kommen die Frauen erst nach Hause, wenn es schon dunkel geworden ist.

Wenn es um die Bettler geht, dann hat sich nicht viel seit der Zeit Jesu geändert. Er hat oft mit Bettlern gesprochen, die irgendwo an einer Straßenecke oder auf einer Treppe saßen und darauf warteten, dass gute Menschen ihnen etwas Geld oder Brot schenkten.

Auf dem Berg Zion

Die Nachmittagssonne scheint milde, als sie an den Mauern der Altstadt entlang zum Jaffa-Tor gehen. „Das steht manchmal auf den Apfelsinen“, sagt Paula. „Ganz richtig, wenn ‚Jaffa‘ drauf steht, sind sie von hier“, bestätigt Georg. „Es ist der Name der alten Hafenstadt, die Jerusalem am nächsten liegt. Dort kamen früher viele Pilger mit dem Schiff übers Mittelmeer an.“ Als sie das Tor durchschritten haben, stehen sie vor einem mächtigen eckigen Turm, oben weht die blau-weiße Fahne Israels mit dem Davidstern. „Diese Burg hat Herodes gebaut. Pilatus wohnte hier wahrscheinlich, wenn er in Jerusalem zu tun hatte, und deshalb nehmen viele Forscher auch an, dass Jesus hier verurteilt wurde!“ Durch eine enge Straße kommen sie schließlich an ein anderes Stadttor und durch es hindurch auf einen Bergrücken mit herrlicher Sicht auf den Ölberg und andere Berge, die Jerusalem umgeben: „Den Bergrücken hier nennt man den neuen Zion, da unten liegt der alte mit der Davidsstadt.“ Sie besuchen eine kleine Synagoge der Juden, die Davids Grab genannt wird, obwohl niemand glaubt, dass er hier begraben wurde. „Ich kann das verstehen“, sagt Tina, „man braucht einen Ort, um an die Toten zu denken, die einem wichtig sind.“ Gleich daneben gibt es einen großen Saal mit schönen Säulen und

Gewölben. Die Kreuzritter haben ihn gebaut und ihn Abendmahlssaal genannt: auch ein Ort zum Gedenken, der für uns Christen sehr wichtig ist. „Schade, dass es den Saal nicht mehr gibt, wo Jesus mit den Jüngern tatsächlich das Abendmahl gefeiert hat!“ „Ja, Paula“, stimmt Onkel Georg ihr zu, „das ist wirklich schade, aber eigentlich auch wieder nicht so schlimm. Was würden die Mauern nützen! Die Hauptsache ist doch, dass er selbst da ist und das hat er ja fest versprochen“, und die drei singen: „Wo zwei oder drei in meinem Namen versammelt sind, da bin ich mitten unter ihnen ...“ Dann aber kommt ein Wärter und schimpft. Man darf hier nicht einfach singen, der Raum ist heute keine Kirche mehr und war lange eine Moschee. Als sie weitergehen, sagt Onkel Georg: „Es ist so gut wie sicher, dass der Abendmahlssaal irgendwo hier auf dem Berg Zion war. Also war hier auch der Ort, wo sich die Freunde Jesu nach seinem Tod versammelten, eine Art Gemeindesaal. Hier haben sie ihn lebendig erlebt. Hier warteten sie mit seiner Mutter Maria auf den Heiligen Geist, den Jesus ihnen versprochen hatte.“ Die große Kirche, die jetzt vor ihnen liegt, hat einen lateinischen Namen: „Dormitio Mariae“, das bedeutet wörtlich „Entschlafung Marias“. Sie gehört zu einem Kloster, in dem seit über 100 Jahren deutsche Mönche leben. Übrigens, die kleine Gemeinschaft in Tabgha am See gehört zu diesem Kloster, als Filiale. Im Einkaufsladen des Klosters treffen sie Abt Benedikt. Er heißt genauso wie der Heilige, der vor bald 1500 Jahren den Orden gegründet hat und den Mönchen die Regeln aufschrieb, die heute noch gelten. „Was ist ein Abt?“ Paula will immer alles genau wissen. Sie sieht das Kreuz auf seiner Brust, das lange schwarze Gewand. „Das Wort kommt von Abbas und heißt so viel wie Vater. Er muss wie ein Vater für seine Mönche sorgen und sie müssen immer tun, was er sagt. Hier sind zur Zeit 18 Mönche.“ „Dieser sieht aber freundlich aus“, meint Paula, „der ist bestimmt nicht so streng.“ Abt Benedikt hört mit, was Paula sagt, und muss herzlich lachen. Da geht eine laute Sirene los. „Keine Angst, es brennt nicht!“ erklärt der Abt. „Die Sonne geht unter, der Sabbat beginnt, heute ist ja Freitag. Alle Juden müssen aufhören zu arbeiten und beginnen den Ruhetag!“

Das ist ein gutes Stichwort für Tante Tina. „Ich brauche auch dringend etwas Ruhe. Kommt, wir gehen ins Klostercafe und trinken einen Capuccino.“ Paula bekommt ein Eis und alle stärken sich. Jerusalem ist spannend und anstrengend.

Später besuchen sie die schöne Kirche, in der außer den täglichen Gottesdiensten auch oft Konzerte stattfinden. An den Altären finden sie deutsche Heilige und deutsche Dome abgebildet. „Eine deutsche Insel in Jerusalem!“, sagt Tina. „Und eine, die viel für den Frieden tut und deshalb im Land sehr angesehen ist“, ergänzt Onkel Georg. Dann steigen sie zur Unterkirche hinunter und Paula traut ihren Augen nicht. Da liegt eine Frau auf einem hohen Bett, mit einem Kopftuch. Viele Kerzen brennen um sie herum. Beim Näherkommen merkt Paula: Sie bewegt sich nicht, sie ist aus Stein. „Das soll die Mutter Maria sein“, sagt Georg ihr leise ins Ohr, „Maria beim Sterben. Viele Christen nehmen an, sie sei hier auf dem Zion gestorben und die Apostel seien aus der ganzen Welt an ihr Sterbebett gekommen.“ Jetzt stehen viele schwarz gekleidete Männer herum. „Das sind spanische Priester“, sagt Tina. Sie reden laut und durcheinander, kaum einer hört zu, was einer von ihnen gerade erklärt. Onkel Georg findet das schrecklich, gerade hier so ein Gequatsche, das die schöne Atmosphäre des Raumes stört. Und so stimmt er, als der Redner eine kleine Pause macht, einfach ein lateinisches Lied an. Das verstehen katholische Priester überall auf der Welt. Die ersten Worte lauten: „Salve Regina“. Sofort singen alle mit. Es schallt herrlich durch die Gewölbe, so viele Männerstimmen. „Was heißt das?“, will Paula wissen, „Salve Regina?“ „Das heißt: Gegrüßet seist du Königin“, übersetzt ihr Tante Tina leise.

Als die Priester fertig gesungen haben und weggegangen sind, betet Paula das „Gegrüßet seist du, Maria“ ganz allein, so wie sie es von der Oma gelernt hat. Hell klingt ihre Stimme durch den Raum. Dann gehen die drei wieder nach oben und in die Dämmerung hinaus. In Jerusalem gehen schon die Lichter an. Paula darf auf der Stadtmauer laufen, oben, hoch über den Erwachsenen, die auf der Straße gehen. Sie tanzt und hüpft voll Vorfreude: Morgen geht’s wieder nach Hause!

Außerhalb der Stadtmauern Jerusalems liegt eine Kirche, die fast so aussieht wie eine Burg. Die Kirche heißt „Dormitio", das ist übersetzt so viel wie „Einschlafen" oder „Heimgang". Es ist die Kirche, wo die Erinnerung an den Tod, an das Sterben, an den Heimgang der Muttergottes wach gehalten wird. Deutsche Benediktinermönche sorgen für die Kirche und für das dazugehörige Kloster.

In der Nachbarschaft der Dormitiokirche liegt ein altes, verwittertes und unübersichtliches Gebäude. Zwei Kuppeln sind zu erkennen und ein Minarett. Früher hat man angenommen, unter der kleineren Kuppel befinde sich der Abendmahlssaal. Inzwischen ist aus dem Bau, der einmal eine Kirche war, eine Moschee geworden und ein Nebenraum wurde zur Synagoge.

An der Mauer des Tempels

Ja, heute ist ein besonderer Abend. Mit dem Untergang der Sonne ging der Alltag unter. Am Freitagabend beginnt jede Woche ein Festtag. Es ist Sabbat. Paula, Onkel Georg und Tante Tina staunen über die vielen Menschen, die heute Abend hier auf den Platz kommen. Sicher ein paar Tausend. Auch viele Kinder springen herum. Sie sind hier zu Hause. Viele begrüßen sich herzlich, bevor sie an die Mauer zum Beten gehen. Sie sagen „Schabbat schalom – Zum Sabbat Frieden!". Starke Scheinwerfer vertreiben die Dunkelheit. Die großen Steine der Mauer sind der Rest des jüdischen Tempels, den König Herodes vor über 2000 Jahren bauen ließ. Im Markusevangelium lesen wir: „Als Jesus den Tempel verließ, sagte einer seiner Jünger zu ihm: Meister, sieh, was für Steine und was für Bauten! Jesus sagte zu ihm: Siehst du diese großen Bauten? Kein Stein wird auf dem anderen bleiben, alles wird niedergerissen."
Im Jahre 70, also ungefähr 40 Jahre nach der Kreuzigung Jesu, wurden tatsächlich Jerusalem und der Tempel von den Römern völlig zerstört. Deshalb sind diese alten Steine den Juden so kostbar, weil sie der Rest sind: Erinnerung an die Herrlichkeit alter Zeiten. Zwischen den Steinen, in allen Ritzen und Mauerfugen, entdeckt Paula etwas Weißes: „Was ist das denn?" Eine Frau steckt ein Röll-

chen Papier dazu! „Hier“, erklärt ihr Onkel Georg, „darf man seine Bitten und Sorgen und alle Traurigkeiten abgeben, man darf sie auf ein Zettelchen schreiben. Auch deshalb wird die Tempelmauer Klagemauer genannt.“ Die meisten Leute lesen in ihrem Gebetbuch, aber nicht gemeinsam. Frauen und Männer sind getrennt, eine niedrige Holzwand teilt den Platz vor der Mauer. Onkel Georg setzt seine Kappe auf den Kopf, kein Mann darf ohne Kopfbedeckung zum Beten kommen. Weil Paula noch ein Kind ist, darf sie mit dem Onkel auf die Männerseite. Etwas ängstlich lässt sie sich in das Gewühl ziehen. Die meisten Männer sind schwarz gekleidet, aber sie sehen nicht traurig aus. Da vorne – also so was! – Paula muss lachen: Da tanzen Männer im Kreis, sie haben sich an den Händen gefasst, bestimmt 20 oder mehr. Junge Männer, alte Männer, modisch gekleidet oder altmodisch, mit weißen Bärten oder glatt rasiert, schwarze Hüte und Pelzhüte, sie singen laut und tanzen. „Warum machen die das?“, will Paula wissen, „bei uns tanzt niemand im Gottesdienst, schon gar nicht die Männer.“ „So sehr freuen sie sich über die Thora, über Gottes Wort in der Bibel“, erklärt Georg ihr. Paula schaut mit offenem Mund zu. Die Männer sehen fröhlich aus: In unserer Kirche sehen die meisten traurig oder müde aus. Paula nimmt sich vor, von diesen Männern zu Hause dem Pfarrer zu erzählen. Es wäre schön, denkt sie, wenn man bei uns auch merken könnte, dass wir Freude haben an Gottes Wort! Zum Glück hat Onkel Georg einen Kugelschreiber in der Jacke und ein Fetzchen Papier findet sich auch. Paula schreibt nur „Papa, Mama und Oma“ drauf, dann steckt sie das Papier in eine Mauerritze. Sie freut sich, ihre Lieben bald wiederzusehen.

Am verabredeten Treffpunkt finden sie Tante Tina wieder, die auf der Frauenseite war. Durch die Altstadt von Jerusalem gehen sie zum Hotel zurück. Im christlichen Viertel schließen die Geschäfte gerade, im jüdischen Viertel ist längst alles zu und im islamischen Viertel herrscht noch Hochbetrieb; denn nach Einbruch der Dunkelheit dürfen die Moslems jetzt endlich wieder essen und trinken, das feiern sie jetzt im Fastenmonat jeden Abend – so ähnlich wie bei uns Silvester, auch mit Knallern und Feuerwerk.

Beim Abendessen denken sie an die jüdischen Familien, die sich jetzt bei Kerzenlicht zum Sabbatessen zusammensetzen, dankbar für das Geschenk dieses Ruhetages. „Das dritte Gebot ist ein Segen – nicht nur für die Juden“, sagt Onkel Georg. Schweigend genießen sie eine Weile das leckere Abendessen, für dieses Mal ihr letztes im Heiligen Land. „In Jerusalem können wir Menschen viel lernen“, sagt Tante Tina und nippt nachdenklich an ihrem Rotwein aus Betlehem. „So verschiedene Menschen leben hier zusammen, drei Religionen ist diese Stadt heilig. So ähnlich könnte es doch überall werden. Verschieden und doch im Frieden! Alle können von allen etwas lernen!“ „Ja“, sagt Onkel Georg „da hast du völlig Recht. Wir können die anderen anders sein lassen. Ihr wisst ja, was die Gebetsrufer von den Türmen der Moscheen singen: Allahu akbar – Gott ist größer.“ Immer noch größer, als wir denken.

An manchen Festtagen herrscht großes Gedränge in Jerusalem. Besonders durch das Damaskustor strömen die Menschen zum Tempelplatz, zur Klagemauer oder zur Grabeskirche.

Die Klagemauer. Es ist die Westmauer des zerstörten Herodianischen Tempels. Der Verlust des Tempels schmerzt gläubige Juden bis auf den heutigen Tag. Es gab Zeiten, in denen ihnen der Zutritt zur Tempelmauer nicht möglich war. Jetzt versammeln sich an jedem Sabbat auf dem weiten Platz vor der Mauer Hunderte jüdischer Familien, um zu beten, zu singen und manchmal auch zu tanzen.

Zur Klagemauer kommen gläubige Juden aus allen Teilen der Welt, um an der für sie besonders wichtigen Stätte die Psalmen zu beten und darüber nachzudenken, was im Alten Testament zu lesen ist.

Überall ist Heiliges Land

Paula kann es gar nicht erwarten. Der Zug, in dem sie sitzt, braust durch die Nacht dem Bahnhof entgegen, wo Mama und Papa sicher auf sie warten würden. War das wirklich erst heute morgen gewesen? Vor Aufregung war sie in Jerusalem früh wach geworden und weil Onkel Georg und Tante Tina noch schliefen, war sie im Schlafanzug allein noch einmal die Treppe hinauf auf das flache Dach gegangen, natürlich mit Lisa, der Lieblingspuppe. Diesen Anblick wollte sie auf jeden Fall im Herzen behalten: Jerusalem in der Morgensonne! Die war gerade über den Ölberg gestiegen und ihre rotgoldenen Strahlen ließen das Kreuz der Grabeskirche leuchten wie einen großen Edelstein. „Frühmorgens am ersten Wochentag kamen sie zum Grab des Herrn, als die Sonne aufging, halleluja." Der Satz war ihr in den Sinn gekommen, Onkel Georg hatte ihn dieser Tage gesungen – auf eine ganz alte Melodie, die Paula nicht kannte. Nach dem Frühstück hatten sie noch einen Abschiedsbesuch in der Grabeskirche gemacht, die wir ja besser Auferstehungskirche nennen würden, wie die Araber in ihrer Sprache. Dann war noch Zeit, letzte Geschenke für die Lieben daheim einzukaufen. Erst zur Mittagszeit mussten sie die Koffer in das Taxi wuchten, das sie zum Flughafen bringen sollte. Und jetzt, am Abend des

gleichen Tages, nur ein paar Stunden später: schon wieder fast zu Hause! War vielleicht die ganze Reise nur ein Traum gewesen? Aber nein, da sitzen ja wirklich ihre beiden Reisegefährten, leibhaftig neben ihr. Sie sehen müde und zufrieden aus. Und jetzt kommt auch schon die Ansage des Zugführers aus den Lautsprechern! In wenigen Minuten würde Paula ihre Eltern wiedersehen.
„Da sind sie", Paula schreit es Tina ins Ohr, als sie den blauen Mantel ihrer Mutter am Fenster vorbeiflitzen sieht. Sie fliegt Papa als erstem in die Arme, weil der etwas schneller an der richtigen Tür ist. Er drückt sie ganz fest und sagt nur: „Gott sei Dank, dass du wieder da bist!" Sogar Oma ist gekommen, sie wischt sich etwas aus den Augen, aber das sind wohl Freudentränen.
Endlich wieder in ihrem eigenen Bett, hat Paula besonders gut geschlafen. Weil es Sonntag ist, gehen sie gemeinsam zur Kirche. Paula hört aufmerksam zu, als der Pfarrer das Evangelium vorliest und erklärt. Ja, das kann sie jetzt viel besser verstehen, sich diese Orte vorstellen. Sie kann noch den Wind und die Sonne spüren, den Sand und die Sterne sehen, die Blumen noch riechen und die Vögel noch zwitschern hören. Paula hat das Gefühl, Jesus besucht zu haben, in seinem schönen Heimatland. Sie würde am liebsten aufzeigen und etwas erzählen von dem Land, in dem die Bibel entstand, aber sie traut sich nicht – vor all den Leuten.
„Heute Mittag essen wir bei unseren Nachbarn", sagt Mama nach der Messe. „Rita hat uns eingeladen, sie hatte ja vor ein paar Tagen Geburtstag!" Paula macht einen Luftsprung. Dann würde sie ja mit Bernadette zusammen sein, das ist nämlich Ritas jüngste Tochter und Paulas beste Freundin. Sie hat sie eigentlich im Heiligen Land mehr vermisst als Mama und Papa. Zwölf Tage, fast nur mit Erwachsenen, das war anstrengend, wenn die auch noch so nett sind! Für Bernadette hat sie ein T-Shirt von der Brotvermehrungskirche mitgebracht, das gleiche, das sie selber bekommen hatte. Natürlich müssen die beiden so am Tisch sitzen: Der Korb mit den Broten und die Fische sind vorne zu sehen.
„So könnt ihr ja auch bei der Erstkommunion aufkreuzen", stichelt Bernadettes Bruder. Michael ist 13 und, wie Brüder eben sind, muss er die kleine Schwester schon mal etwas „abhärten", wie er das nennt. Es gibt das Lieblingsgericht der beiden: Spaghetti Bolognese und leckeren Salat. Als alle fertig sind, sagt Paula: „Ich bin froh, dass ich wieder hier bei euch bin." „Hat es dir in Israel nicht gefallen?", fragt die Gastgeberin. „Doch, es war toll", ist Paulas Antwort, „aber hier bin ich doch zu Hause, bei euch." Und glücklich schaute sie in die Tischrunde. Das Geplapper

verstummt einen Augenblick. Alle finden gut, was Paula da gesagt hat. Dann meint Paulas Mutter: „Eigentlich ist überall Heiliges Land. Gott ist nicht nur in Israel. Wir waren doch heute Morgen noch in der Messe mit ihm zusammen.“ „Und was Jesus zu dem Thema sagt“, ergänzt Rita, „das haben wir ja am Schluss in der Kirche gesungen. Wir könnten es jetzt eigentlich auch noch mal singen, bevor es den Nachtisch gibt.“ Und schon stimmt sie an: „Wo zwei oder drei in meinem Namen versammelt sind, da bin ich mitten unter ihnen ...“ Und alle singen mit.

Oft wird gefragt, wo kann man am ehesten noch erleben, wie das Land zur Zeit Jesu aussah. Die Antwort ist einfach: an seinem Lieblingssee. Wer auf die Golanhöhen klettert, erlebt fast jeden Abend das Schauspiel eines Sonnenuntergangs auf den Hügeln vor der Stadt Tiberias vor „brennendem“ Himmel und rotem Wasserspiegel. Heute wie vor 2000 Jahren.

Was Onkel Georg auf dieser Reise Paula aus der Bibel vorlas

Seite 17 Die wunderbare Brotvermehrung / Evangelium nach Markus 6,30-44

Seite 24 Der große Auftrag für Simon / Evangelium nach Johannes 21

Seite 27 Die Bergpredigt Jesu / Evangelium nach Matthäus 5,1f.

Seite 32 Der Sturm auf dem See / Evangelium nach Markus 4,35-41

Seite 32 Die Berufung des Fischers Simon / Evangelium nach Lukas 5,1-11

Seite 34 Elija in der Wüste / 1. Buch der Könige 19

Seite 36 Ptolemais / Akko / Apostelgeschichte 21

Seite 39 Maria Magdalena und der Auferstandene / Evangelium nach Johannes 20

Seite 42 Der Engel bei Maria in Nazaret / Evangelium nach Lukas 1

Seite 46 Jesus und der Hauptmann von Kafarnaum / Evangelium nach Lukas 7

Seite 46 Die Heilung des Gelähmten in Kafarnaum / Evangelium nach Markus 2

Seite 49 Die Taufe Jesu im Jordan / Evangelium nach Matthäus 3,13 - 17

Seite 53 Der barmherzige Samariter / Evangelium nach Lukas 10,30f.

Seite 62 Der Herr weinte / Evangelium nach Lukas 19

Seite 63 Emmaus / Evangelium nach Lukas 24

Seite 70 Weihnachtsevangelium / Evangelium nach Lukas 2

Seite 76 Heilung am Schafsteich / Evangelium nach Johannes 5

Seite 86 Jesus am Tempel / Evangelium nach Markus 13,1f.

Die Autoren

Gerhard Dane
schrieb die Erlebnisse von Paula im Heiligen Land auf. Außer den Namen der kleinen Reisegruppe hat er fast nichts geändert.
Er war bis 2006 als Pfarrer in Kerpen und Kreisdechant im Rhein-Erft- Kreis sowie als Vorsitzender des Caritasverbandes tätig.
Heute lebt er als Pfarrvikar im Bedburger Land. Er reist häufig nach Israel und begleitet dort Pilgergruppen.

Erich Läufer
hat die Fotos beigesteuert und die Bildzeilen dazu verfasst. Der Autor, Prälat und Ehrendomherr, war viele Jahre im Schuldienst und Dozent für Neues Testament. Außerdem war er lange Jahre Chefredakteur der Kirchenzeitung für das Erzbistum Köln und ist Vorstand und Verwaltungsrat im Deutschen Verein vom Heiligen Lande. Der Verfasser von Büchern und Beiträgen zu biblisch-zeitgeschichtlichen Themen nahm auch an mehreren Ausgrabungen im Heiligen Land teil.

Adressen für Heilig-Land-Pilger

Deutscher Verein vom Heiligen Lande
- gegründet 1855 -

Generalsekretariat
Steinfelder Gasse 17
50670 Köln
Telefon: 0221 / 13 53 78
Telefax: 0221 / 13 78 02
E-Mail: DVHL@aol.com

Österreichisches Hospiz (Austrian Hospice)
Via Dolorosa 37
P.O.B. 19600
91194 Jerusalem / Israel
Telefon: 009722 / 627 58 00
Telefax: 009722 / 627 14 72

Paulus-Haus Jerusalem
P.O.B. 19070
Nablus Road 2
Telefon: (00972) 02 / 628 32 80
Telefax: (00972) 02 / 627 23 97

Historisches Gästehaus des Deutschen Vereins vom Heiligen Lande gegenüber dem Damaskustor, direkt am Rande der Altstadt von Jerusalem.

Pilgerhaus Tabgha am See Gennesaret
Tabgha-Kloster
P.O.B. 993
14107 Tiberias / Israel
Telefon: 009724 / 67 00 100
Telefax: 009724 / 67 00 101

Ein Glaubensbuch für Kinder

Es gibt nichts Schöneres auf der Welt, als Freunde zu haben, auf die man sich verlassen kann. Jesus ist ebenfalls wie ein Freund, der es gut mit uns meint und immer für uns da ist. Das wissen wir aus vielen Bibelgeschichten. Er begleitet uns durch unser ganzes Leben, bei der Feier des Sonntagsgottesdienstes ebenso wie in den Sakramenten, aber genauso auch in unserem Alltag in der Schule und in der Familie. Überall ist er uns ein Vorbild und zeigt uns, wie wir gut miteinander auskommen und zusammen leben können.

Für Kinder von 8 bis 11 Jahren

Jesus, mein Freund fürs Leben
Ein Glaubensbuch für Kinder

Format: 21 x 21 cm, gebunden
80 Seiten, vierfarbige Illustrationen und Fotos
ISBN: 978-3-7698-1619-8

Hinweise
für Eltern und Katechet/-innen, die Kinder mit diesem Buch auf ihrem Glaubensweg begleiten, finden sich im Internet unter
www.jesus-mein-freund.de